OXUMARÉ
O ARCO-ÍRIS SAGRADO

LURDES DE CAMPOS VIEIRA

OXUMARÉ
O ARCO-ÍRIS SAGRADO

MADRAS®

© 2023, Madras Editora Ltda.

Editor:
Wagner Veneziani Costa (*in memoriam*)

Produção e Capa:
Equipe Técnica Madras

Revisão:
Adir de Lima
Sandra Ceraldi Carrasco
Neuza Aparecida Rosa Alves
Tânia Hernandes

Dados Internacionais de Catalogação na Publicação (CIP)
(Câmara Brasileira do Livro, SP, Brasil)

Vieira, Lurdes de Campos
Oxumaré : o arco-Íris sagrado / Lurdes de Campos Vieira. -- São Paulo, SP : Madras Editora, 2023.
Bibliografia.
ISBN 978-65-5620-056-9

1. Orixás 2. Oxumaré (Orixás) 3. Religiões afro-brasileiras 4. Umbanda I. Título.

23-147551   CDD-299.60981

Índices para catálogo sistemático:

1. Orixás : Umbanda : Religiões afro-brasileiras 299.60981

Tábata Alves da Silva - Bibliotecária - CRB-8/9253-0

Proibida a reprodução total ou parcial desta obra, de qualquer forma ou por qualquer meio eletrônico, mecânico, inclusive por meio de processos xerográficos, incluindo ainda o uso da Internet, sem a permissão expressa da Madras Editora, na pessoa de seu editor (Lei nº 9.610, de 19.2.98).

Todos os direitos desta edição reservados pela

MADRAS EDITORA LTDA.
Rua Paulo Gonçalves, 88 – Santana
02403-020 – São Paulo/SP
Tel.: (11) 2281-5555 – (11) 98128-7754
www.madras.com.br

Aos irmãos de egrégora, com amor.

"Trazes em ti mesmo um amigo sublime que não conheces. Pois Deus reside no interior de todo homem, mas poucos sabem encontrá-lo. O homem que oferece seus desejos e suas obras em sacrifício, ao Ser de onde procedem os princípios de todas as coisas e por quem o Universo foi formado, obtém a perfeição. Porque aquele que encontra em si mesmo sua felicidade e sua alegria, e também sua luz, é uno com Deus. Ora, sabe tu: a alma que encontrou Deus está livre do renascimento e da morte, da velhice e da dor, e bebe a água da imortalidade."

Baghavad Gita

Índice

Prefácio 11
Introdução 13
Ordem de Assentamento das Qualidades Divinas 17
    Olorum – O Divino Criador 17
    Orixás Essenciais – Coroa Divina 18
    Orixás Ancestrais – Setenário Sagrado 19
    Os Orixás Naturais e suas Hierarquias 22
Qualidades do Pai Oxumaré 25
    Oxumaré é Masculino 25
    Oxumaré é uma Divindade Cósmica e Ativa 26
    Oxumaré é uma Divindade Atemporal 28
    Oxumaré tem Magnetismo Dual e Ativo 29
    Oxumaré Irradia-se em Formas Sinuosas 34
    Oxumaré é o Orixá da Riqueza 36
    Oxumaré é Identificado com o Arco-Íris e
    com as Serpentes 37
O Mistério "Serpente do Arco-Íris" 41
    Caboclos Arco-Íris e Exus Sete Cobras 44
    A Cobra Coral 45
    A Serpente Dourada 46
    As Serpentes nas Esferas Cósmicas 47
Campos de Atuação do Pai Oxumaré 49
    Diluidor e Esgotador das Agregações Desequilibradas 49
    Esgotador de Desequilíbrios Sexuais 50

Oxumaré é o Fator Renovador 51
Oxumaré é a Impermanência e a Continuidade 55
Os Corpos 59
    O Corpo Físico 65
    O Corpo Etérico 65
    O Corpo Emocional..65
    O Corpo Mental 66
    O Corpo Astral 66
    O Corpo Espiritual...67
Oxumaré e a *Kundalini* no Corpo Humano 69
    A *Kundalini* e os *Chacras* 72
    Os *Chacras* 73
    Chacra Básico 78
    Chacra Esplênico 79
    Chacra Umbilical 80
    Chacra Cardíaco...80
    Chacra Laríngeo 81
    Chacra Frontal..81
    Chacra Coronal 81
Os Canais ou *Nadis* 85
Desequilíbrios e Bloqueios 89
    Vícios 91
    Drogas..93
    Sexualidade 93
Oxumaré, a Saúde, o Caduceu e o Bastão de Esculápio 97
"Despertar" ou Desbloqueio da Energia *Kundalini* 109
As Nossas Serpentes...119
    Sistema Nervoso Central..122
    Neurônio 123
    Sistema Nervoso Autônomo, Neurovegetativo 127
    Sistema Nervoso Periférico..129
    Efeitos do Desalinhamento Espinal................................130
    O DNA..131

Oxumaré e a *Kundalini* Planetária, Solar, Estelar, Galática
e Universal 135
Energia Divina e Evolução Espiritual 143
A "Iniciação" e As Ordens Iniciáticas 149
O Ritual de Umbanda Sagrada 155
Bibliografia 163

Prefácio

Mais uma vez, Lurdes de Campos Vieira nos surpreende com seu poder de síntese ao apresentar esta obra extremamente didática e bem elaborada.

Com ela, aprendi a perceber a comparabilidade do Orixá Oxumaré com divindades de outras religiões, assim como com nosso próprio corpo. O presente trabalho segue a mesma linha do anterior, também surpreendente, intitulado *A Umbanda e o Tao* (Madras Editora).

As comparações da autora, fruto de suas reflexões e estudos, descortinam para os umbandistas um vasto campo de novos aprendizados e descobertas sobre o universo sagrado dessa religião – tão popular e ao mesmo tempo tão iniciática – chamada Umbanda Sagrada.

Sinto-me honrado e gratificado ao notar que várias das obras psicografadas por mim revelaram-se úteis para a autora, em seu árduo trabalho de compilação de informações sobre o Orixá Oxumaré, de enorme importância para a humanidade e ainda tão pouco conhecido dos umbandistas.

Tenho certeza de que, após a leitura deste magnífico livro, todos – umbandistas ou não – terão uma nova visão de Oxumaré, Orixá que, a meu ver, deveria receber maior atenção e culto. Todo Orixá é um bem de Deus doado à humanidade e, por isso, digno de culto, respeito e reverência.

Como bem divino, um Orixá não tem dono ou possuidor. Pertence a todos aqueles que o aceitam como ele realmente é: uma manifestação de Deus para nós, Seus filhos.

Lurdes, irmã do meu coração, que nosso amado pai Oxumaré a envolva em seu sagrado arco-íris. E que este seu livro seja um fator renovador dele no coração e na mente dos umbandistas. Que ele a ilumine, para que a renovação de conceitos já superados se concretize em outros livros e que, cada vez mais, os sagrados Orixás e a própria Umbanda assumam seu lugar no coração dos novos adeptos dessa religião mágica.

Parabéns, querida irmã.

Rubens Saraceni
M. L. do Arco-Íris Divino

Introdução

Ao incorporar pela primeira vez o Orixá Oxumaré em uma gira de Umbanda, fiquei fascinada por aquela energia magnificamente forte que subiu por minha coluna e chegou até a cabeça. Essa força energética era tanta que meu cérebro parecia algo cósmico, um universo prestes a explodir. Mas, aos poucos, ela foi se espalhando por todo o corpo e a sensação de pressão e explosão cedeu lugar a um sentimento de plenitude, de realização e de felicidade. Era algo fantástico e tão maravilhoso que é praticamente impossível descrever apenas com palavras.

Ao mesmo tempo me surpreendi e fiquei curiosa. Queria conhecer o que fosse possível sobre esse Orixá, tão poucas vezes evocado e invocado nas giras de Umbanda: como ele é, qual a sua energia, seu mistério, seu fator e tudo mais. Confesso ter a mente muito curiosa, principalmente quanto ao campo do conhecimento das coisas divinas.

Assim, iniciei minha pesquisa e mergulhei nesse estimulante mistério. Durante o processo de buscas, relações e anotações, tive a sensação de que o canal de minha intuição esteve aberto o tempo todo. As ideias fluíam intensamente, fazendo com que se desencadeasse um conjunto de conhecimentos que aprofundavam minha interpretação do Orixá masculino da linha do amor, de acordo com o que permitiam meu parco conhecimento e consciência, até então. Em muitos momentos, aconteceram visões rápidas e abrangentes dos fenômenos que eu pesquisava e que, naquele ponto de minha caminhada, ainda pareciam ideias ousadas. Mas, elas se mostravam possíveis ou se confirmavam à medida que eu avançava na pesquisa e no entendimento daquilo que era apenas intuição, breves lampejos da realidade. Delineei o conteúdo geral, escrevi partes dos assuntos e utilizei diversas compilações de autores que considerei fundamentais para sustentar minhas afirmativas.

Oxumaré é o Orixá cujo mistério é considerado o mais desconhecido na Umbanda, pois um entendimento superior sobre ele, por muito tempo esteve fechado ao plano material. Somente agora, nas obras psicografadas pelo mestre Rubens Saraceni, temos a oportunidade de entender o Pai Oxumaré, e também os demais Orixás, como domínios de Deus, unigênitos de Olorum que manifestam a todos e em tudo as qualidades divinas com as quais foram distinguidos, desde sua geração. Os fundamentos umbandistas que adotamos em nosso trabalho são, portanto, os ensinamentos trazidos pelos Mestres da Luz que inspiram nosso pai espiritual e mestre Rubens Saraceni em suas diversas obras.

Esse conhecimento, por ele renovado, mediante a estruturação de uma teologia e de uma teogonia de Umbanda, está diluindo as caracterizações humanas encontradas nas lendas e interpretações dos Orixás. Tem, ainda, reinterpretado os mistérios e direcionado a religiosidade e a fé umbandista.

Nas obras do citado mestre, a dualidade é o que mais caracteriza o Orixá Oxumaré e nela, ora ele se mostra como a diluição de tudo o que está em desequilíbrio ou foi superado pelo tempo e pela evolução, ora se mostra como o renovador de tudo, em todos os seus aspectos. Essa dualidade, composta pelo fator divino diluidor/renovador, não foi devidamente compreendida, tendo sido deturpada com a criação do aspecto inverídico e mais negativo que aparece nas lendas dos Orixás sobre nosso Pai Oxumaré: que ele é parte macho e parte fêmea, portanto, andrógino, sendo macho por seis meses e nos outros seis, fêmea.

Pai Oxumaré é o fator masculino na onda geradora mineral na irradiação do amor, na qual Oxum é a divindade feminina. Uma divindade é de natureza masculina ou feminina, positiva ou negativa, ativa ou passiva; nunca possui as duas em si mesma.

Uma das qualidades de Deus, e por Ele gerada, é o Amor Divino, o fator agregador que estimula a união. A Divina Mãe do Amor e da Concepção é Oxum e essa qualidade agregadora é um fator de natureza mineral que favorece a conquista da riqueza espiritual e a abundância material.

Oxum rege o polo magnético irradiante e positivo da linha do amor, sendo em si mesma a qualidade agregadora do Divino Criador, atuando em tudo o que foi criado e em todos os aspectos da criação, do micro ao macrocosmo. Ela é a força ou magnetismo que agrega, que dá origem às concepções, que desperta o amor e a atratividade natural nos seres, que rege a gestação e a multiplicação. Mas, Oxum só ampara as uniões regidas pelos sentimentos de amor, estando fora de seu campo de atuação as relações regidas apenas pelo desejo ou pela paixão.

Já nosso Pai Oxumaré é em si mesmo as qualidades de Deus, diluidora e renovadora de todas as agregações não estáveis. É masculino, cósmico, temporal, e seu magnetismo ativo, dual e bipolar, desfaz tudo o que perdeu a harmonia, o equilíbrio, a estabilidade natural, e a tudo renova em condições ideais.

Aprendi a me aproximar do mistério Oxumaré com muito respeito e suavidade, pois fui percebendo que o aprimoramento de meu caminho até ele levou-me a uma imensidão infinita, que exigia cada vez mais um ajuste de minha consciência individual e uma exploração profunda de mim mesma. Tenho certeza de que o meu contato maior com o Orixá masculino do Trono do Amor diluiu muitas das minhas dúvidas, e mesmo convicções, sobre a religiosidade e a atuação dos Orixás e renovou meu entendimento das coisas divinas, ampliando imensamente minha consciência, o que, com certeza, resultou em crescimento espiritual.

Creio que cabe aqui a transcrição das palavras de G. S. Arundale, apresentadas no livro *Kundalini: Uma Experiência Oculta*: "Todo conhecimento verdadeiro sempre é um mistério. Por mais que possamos conhecê-lo ou julguemos conhecê-lo, há sempre o adicional maravilhoso que nos atrai para frente e para cima, aprimorando o que já conquistamos e fazendo de nosso caminho até a Divindade um prazer sempre crescente".

Para apresentar as qualidades e os campos de atuação de Pai Oxumaré, pautei-me, nos primeiros capítulos, por uma preocupação didática. Embora tenha procurado manter um texto didático, muitas vezes essa não foi a linha mestra do trabalho, quando busquei um aprofundamento e teci conclusões pessoais acerca dos assuntos tratados.

Escrever sobre as coisas que estudo e pesquiso faz parte do meu processo de aprendizagem; é uma das maneiras que encontro para melhor fixar e entender os assuntos e conceitos que, com grata satisfação, vou buscando e desvendando. Mas, acredito que se a informação é propriedade de uma só pessoa, ela não é válida, pois não serve para nada. O conhecimento precisa ser divulgado para ser enriquecido, para gerar algum valor.

Espero que a leitura deste livro possa ajudar os leitores e irmãos umbandistas a diluírem dúvidas e incompreensões sobre nosso amado pai do Trono do Amor, a renovarem um pouco de seus conhecimentos e a promoverem uma ampliação, mesmo que pequena, de suas consciências cósmicas. Se isso acontecer, já terá valido a pena a realização e publicação deste estudo, pois ele estará enormemente enriquecido.

A autora

Ordem de Assentamento das Qualidades Divinas

A Presença Divina, com Sua vontade superior, atua em cada parte do universo visível e invisível, com um fluxo ordenado e contínuo de energias e essências que abarcam todos os estágios de evolução e todos os níveis de consciência. Nesse fluxo, Pai Oxumaré é a expressão de fatores, de qualidades divinas, manifestadas por meio das energias e essências minerais e cristalinas.

Para entendermos melhor tais qualidades divinas que distinguem Pai Oxumaré, sintetizamos a seguir o ordenamento e atuação dos Orixás na Umbanda, de acordo com as obras de mestre Rubens Saraceni. Essa estrutura é garantida pela organização rígida de células macro e microscópicas que perpassam todas as dimensões, formas, seres e criaturas, assentados nesta ordem:

- Olorum
- Orixás Essenciais (Coroa Divina)
- Orixás Ancestrais (Setenário Sagrado)
- Orixás Naturais (regentes da Natureza) e sua hierarquia.

Olorum — O Divino Criador

A crença na existência de um Deus Único, nosso Divino Criador Olorum, é o maior fundamento da Umbanda. Olorum é o Senhor do Céu, infinito em Si mesmo, é o princípio e o meio de realização e concretização de tudo, a partir de Sua escala vibratória divina. Ele é onisciente, onipotente, onipresente e oniquerente. Ele é em Si toda a criação.

Na origem, tudo é emanação divina, mas para que cada criação não subsistisse em si mesma, o Criador dotou todas as suas criações e criaturas de uma dupla polaridade. Um polo complementa o outro, equilibrando-o e mantendo todos os níveis da matéria e da existência em harmonia.

Olorum é o Criador do Universo, é o próprio princípio criador em eterno movimento, é o princípio de tudo e está em tudo o que criou; "um princípio é como uma lei, não tem forma, apenas ação". (Rubens Saraceni, *Umbanda Sagrada*)

Orixás Essenciais — Coroa Divina

Olorum é o Senhor Supremo do destino, que gerou em Si seus mistérios, individualizados nas divindades maiores, que formam a Coroa Divina ou Setenário Sagrado. Esses sete Tronos Sagrados, distribuídos por toda a criação, são sustentadores de todas as religiões e na Umbanda são conhecidos como Orixás.

Setenário Sagrado		
Sentido	**Essência**	**Orixá**
Fé	Cristalina	Oxalá
Amor	Mineral	Oxum
Conhecimento	Vegetal	Oxóssi
Justiça	Ígnea	Xangô
Ordem	Eólica	Ogum
Evolução	Telúrica	Obaluaiê
Geração (Vida)	Aquática	Iemanjá

Olorum é o todo e suas divindades são as partes formadoras desse todo. Uma divindade é a manifestação de uma qualidade divina, de uma essência, de um fator ou aspecto de Deus e é em si mesma essa qualidade. Adorar as divindades, portanto, significa adorar as qualidades de Deus, suas essências, seus aspectos. Cada divindade (Orixá) atua em um campo só seu e em momento algum elas se chocam. Os Sete Tronos, ou Setenário Sagrado, que formam as Sete Linhas de Umbanda, não são sete Orixás, mas sete irradiações divinas, nas quais todas as divindades de Deus (Orixás) estão assentadas hierarquicamente e sustentam todas as evoluções e todos os estágios divinos.

Deus se manifesta e se irradia em todos os níveis onde vivem os seres e as criaturas, por meio de Seu Setenário Sagrado, de Suas divindades e, para explicá-las, todas as teogonias, cosmogonias e cosmogêneses têm se fundamentado na classificação das essências. Mestre Li-Mahi-Am-Seri-yê, mago regente da Tradição Natural, nos diz: "A única forma de conseguirmos classificar tais essências seria recorrendo ao modo como elas chegam até nós, ou como as sentimos em nós mesmos. Deus fornece o solo (terra), a umidade (água), o calor (fogo), o oxigênio (ar), a fertilidade (minerais), as sementes (vegetais) e os processos genéticos (cristais)". (Rubens Saraceni, *As Sete Linhas de Umbanda*)

Orixás Ancestrais — Setenário Sagrado

Só Deus cria, só Ele gera, infinitamente. Todos somos gerados por Deus e magnetizados em uma de suas ondas fatorais, regidas por Suas divindades. Em nossa origem, nosso ponto de partida, nossa gênese, recebemos o fator de um Orixá, o nosso ancestral místico, e passamos a evoluir por meio de um dos elementos, nos diferentes planos divinos. Herdamos desse Orixá suas características básicas. Nosso Divino Criador está em tudo que criou e é único em cada um de seus processos geradores. Cada fator divino é uma qualidade de Olorum que, se combinada a outros fatores, dá origem à matéria, aos seres, às criaturas e às espécies.

Há sete planos distintos e em cada um deles encontramos as mesmas divindades, em suas respectivas hierarquias, com as mesmas funções. Cada Orixá é a divindade responsável por apenas uma parte da criação, por um aspecto divino que a rege e essas divindades ancestrais amparam os seres até que evoluam, desenvolvendo seus dons naturais, para alcançar o Criador.

Após o início de uma geração, o fator divino gerado traz em si o meio de reproduzir-se, multiplicando a sua espécie original, pois tudo vibra, tudo tem energia, tudo tem seu magnetismo individual. Os fatores divinos são, portanto, energias vivas geradas e irradiadas pelo Criador, na sua emanação, e pelos Orixás, divindades de Deus, nas suas irradiações. "São verdadeiros códigos genéticos energéticos, pois são capazes de desencadear processos formadores da natureza dos seres, de suas personalidades, dos seus psiquismos (psiquê) mais profundos, dos seus emocionais, dos seus racionais e de suas consciências." (Rubens Saraceni, *Orixás Ancestrais*)

O processo gerador de pessoas é o mesmo para todos, embora cada uma seja diferente e, ao mesmo tempo, semelhante às outras. Somos criados no íntimo de Deus, em Seu útero gerador ou plano divino da criação, na irradiação de um ancestral místico e estagiamos em distintos planos da vida, no exterior do Criador, para desenvolver condições e faculdades que nos sustentarão no plano da vida subsequente. Vamos nos densificando cada vez mais, para alcançar o grau vibratório da matéria, e para podermos encarnar e viver num corpo material, no sexto plano divino.

O Setenário Sagrado, Coroa Divina que rege nosso planeta, é formado por essências ou manifestações sublimes de Olorum (cristalina, mineral, vegetal, ígnea, aérea, telúrica e aquática), que originam os sete sentidos da vida (fé, amor, conhecimento, justiça, lei, sabedoria, geração) e chegam até nós por vibrações mentais, sonoras, energéticas e magnéticas.

HERANÇA GENÉTICA DIVINA			
TRONOS GERADORES	ORIXÁS	FATORES OU QUALIDADES DIVINAS	NATUREZA ÍNTIMA (INDIVIDUALIZAÇÃO)
DA FÉ	OXALÁ	Cristalizador ou magnetizador	Religiosa, compenetrada, emotiva.
	LOGUNAN	Desmagnetizador ou esgotador	
DO AMOR	OXUM	Agregador ou conceptivo	Amável, cuidadosa.
	OXUMARÉ	Diluidor ou renovador	
DO CONHECIMENTO	OXÓSSI	Racionalizador ou expansor	Leal, conselheira, sensível às necessidades alheias.
	OBÁ	Do conhecimento	
DA JUSTIÇA	XANGÔ	Equilibrador ou potencializador	Racional, equilibrada, observadora.
	OROINÁ	Consumidor ou abrasador	
DA ORDEM	OGUM	Ordenador	Móvel e impositiva.
	IANSÃ	Direcionador ou mobilizador	
DA TRANSMUTAÇÃO	OBALUAIÊ	Transmutador ou evolutivo	Madura e sábia.
	NANÃ	Estabilizador ou decantador	
DA GERAÇÃO	IEMANJÁ	Geracionista ou criativista	Maternal, resoluta, religiosa, autoritária.
	OMOLU	Paralisador ou estacionador	

Os Orixás Naturais e suas Hierarquias

Os Orixás naturais são tronos localizados, assentados nos níveis intermediários das linhas de forças, no meio material humano.

Com a formação de níveis afins com os outros Orixás naturais, todos projetam-se dando origem aos entrecruzamentos ou telas divinas. As vibrações do Criador refletem nessas telas e ativam os Orixás naturais, nas suas hierarquias intermediárias. As telas vibratórias são, portanto, irradiações mentais ou do intento das divindades. São refletoras das qualidades, atributos e atribuições das essências originais.

TRONOS, ORIXÁS E TELAS REFLETORAS			
TRONO	TELA REFLETORA	ORIXÁS	REFLETE
FÉ	CRISTALINA	OXALÁ LOGUNAN	Fé, pensamento, meditação, oração, devoção.
AMOR	MINERAL	OXUM OXUMARÉ	Amor, emoção, atração, união, fecundação, fertilização, concepção.
CONHECIMENTO	VEGETAL	OXÓSSI OBÁ	Percepção, raciocínio, crescimento, criatividade, desprendimento, generosidade, sensibilidade.
JUSTIÇA	ÍGNEA	XANGÔ OROINÁ	Razão, inflexibilidade, purificação, reflexão, direcionamento, justiça, imutabilidade.
ORDEM	EÓLICA	OGUM IANSÃ	Idealização, lealdade, sustentação, movimentação, circulação, ordenação, segurança
EVOLUÇÃO	TELÚRICA	OBALUAIÊ NANÃ	Tenacidade, formação, durabilidade, estabilização, cordialidade, paternalismo, evolução.
GERAÇÃO	AQUÁTICA	IEMANJÁ OMOLU	Sensibilidade, criação, maternidade, sociabilidade, regeneração, criatividade, geração.

Todos os nossos pensamentos, palavras e atos refletem e ressonam nessas telas.

Oxumaré imanta e magnetiza os seres machos gerados por Deus na sua onda temporal, fatorando-os com uma qualidade dual, que tanto dilui as agregações quanto renova os meios e os sentimentos.

Qualidades do Pai Oxumaré

Oxumaré é Masculino

Pai Oxumaré é uma divindade e como tal deve ser entendido, amado e respeitado. Divindades não são andróginas, como erroneamente muitos interpretam, projetando nelas suas atitudes, inseguranças, vícios e desequilíbrios emocionais ou sexuais. Pai Oxumaré é o fator masculino na irradiação do amor, na onda geradora mineral, na qual Oxum é a divindade feminina.

Na religiosidade chinesa também encontramos essa polaridade, na ideia do *Yin* (feminino) e *Yang* (masculino), polos arquetípicos da natureza, par primordial de opostos. São as tendências opostas e complementares e sua unidade é vista como a simplicidade oculta na aparente complexidade do Universo.

Pai Oxumaré é o fator masculino na onda geradora mineral, na irradiação do amor, na qual mamãe Oxum é o fator feminino. Onde ela agregou, mas a agregação "foi superada ou entrou em desequilíbrio com o restante da criação, Oxumaré entra diluindo tudo e gerando em si, e de si, as condições ideais para que tudo se renove e, mantendo suas qualidades originais e sua natureza individual, continue a fazer parte do todo, que é Deus". (Rubens Saraceni, *Orixás – Teogonia de Umbanda*)

Na instrução do Hinduísmo, a batalha espiritual da natureza humana significa compreender que todos os fenômenos que percebemos fazem parte da mesma realidade e consiste na busca da iluminação. É somente quando atingimos nossa consciência espiritual, a iluminação, que os princípios masculino e feminino se fundem, não como mera soma das partes, mas como síntese, transformados em pura luz ascendente, e retornamos à nossa essência, ao Divino Criador.

"Os místicos orientais afirmam que a união dos modos masculino e feminino do indivíduo (alvo principal da meditação), somente pode ser vivenciada em um plano superior de consciência onde o reino do pensamento e da linguagem seja transcendido e todos os opostos apareçam como uma unidade dinâmica." (Fritjof Capra, *O Tao da Física*)

Para o citado autor, um plano semelhante de unificação de conceitos opostos pode ser encontrado também na Física moderna, no nível subatômico "onde as partículas são igualmente destrutíveis e indestrutíveis, onde a matéria é igualmente contínua e descontínua e a força e a matéria não passam de aspectos diferentes de um mesmo fenômeno".

Todas as coisas, sejam espirituais ou materiais, têm um princípio masculino e outro feminino, organizando os mistérios da vida. Até no macrocosmo, a "sexualidade" dos astros é um fato evidente para muitos astrônomos, que identificaram "berçários de estrelas". A dualidade masculino-feminino não se limita apenas ao ser humano; ela diz respeito a todas as coisas criadas no Universo, estando presente onde houver criação. Podemos, mesmo, dizer que a grande polaridade cósmica, presente em todos os reinos, é o sexo, em todas as suas gradações. Os estudiosos dos mistérios da vida fazem do estudo do sexo universal a chave mestra dos segredos do cosmo e estendem a sexualidade a tudo: minerais, átomos, moléculas, células e astros. Se "o sexo é em si limitação, a união dos sexos contrários é propagação infinita. A dualidade finita vencendo o infinito por meio de sua recíproca compenetração". (dr. Márcio Bontempo, *O Caduceu de Mercúrio*)

Oxumaré é uma Divindade Cósmica e Ativa

Já vimos que em todos os aspectos do Criador, da criação e das criaturas existem dois polos magnéticos. Essa polaridade pode ser irradiante ou concentradora, expansionista ou contracionista, expansiva ou isolante, universal ou cósmica, passiva ou ativa, positiva ou negativa, masculina ou feminina e assim por diante.

Os Orixás intermediários ou naturais são tronos cujos magnetismos possuem polos energo-magnéticos à direita, que são os degraus ou níveis positivos (a luz, ou lado universal) e polos energo-magnéticos à esquerda, que são os degraus ou níveis negativos (as trevas, ou lado cósmico).

As divindades naturais universais atuam na luz ou níveis positivos. Elas são luminosas, irradiantes, multicoloridas, passivas, tolerantes, amantíssimas, generosas, bondosas, compreensivas.

As divindades naturais cósmicas atuam nas trevas ou níveis negativos, aos quais são recolhidos os seres que negativaram seu magnetismo mental, que regrediram espiritualmente. Tais divindades são sóbrias, concentradoras, monocromáticas, ativas, implacáveis, rigorosas, intolerantes.

Pai Oxumaré é uma divindade masculina, cósmica, atemporal, ativa, e de magnetismo negativo, dual e bipolar. É a energia que flui e, através de seu magnetismo irradiador, ativa os seres. As energias passivas dão-nos sustentação, enquanto as energias ativas nos movimentam.

O Orixá Oxumaré, por meio de suas ondas, manifesta todas as características descritas para as divindades naturais cósmicas. As ondas cósmicas são monocromáticas e ativas porque são absorvidas pelos seres ou coisas tocadas por elas e não são refletidas de volta ao meio ambiente. Diferentemente das ondas luminosas, elas alteram a cor original daquilo que tocam, substituindo-a pela cor cósmica da onda atuante. São, por isso, chamadas de negativas.

As linhas dos "guias de lei" são regidas pelos mistérios manifestados pelos Tronos Universais; esses guias atuam a partir da direita dos médiuns de Umbanda, assunto que será tratado em capítulo posterior.

Os mistérios dos Tronos Cósmicos regem, por outro lado, as linhas de "Exus de lei" e de "Pombagiras" que atuam a partir da esquerda dos médiuns de Umbanda.

Pai Oxumaré "atua no alto, no meio e embaixo, ou seja, têm hierarquias que atuam na Luz, têm as que atuam junto dos encarnados e têm as que atuam nas trevas". (Rubens Saraceni, *Código de Umbanda*)

Oxumaré é uma Divindade Atemporal

Os mistérios e divindades de Deus atuam e se manifestam de modo atemporal ou temporal. Essas dimensões ou faixas vibratórias coexistem em um mesmo espaço, mas não se misturam, pois estão separadas por diferentes escalas vibratórias e frequências, distintos graus magnéticos e evolutivos.

As divindades atemporais não são regidas pelos ciclos e ritmos da criação. Suas irradiações não dependem do fator tempo, não se alteram nunca e sustentam a criação em sua totalidade.

As divindades temporais são regidas pelo fator tempo e em suas atuações, por meio dos ciclos e ritmos da Natureza, regem a evolução da criação e dos seres. A intensidade e a carga energética de suas irradiações aumentam ou diminuem conforme as necessidades do meio ou de um ser que nele vive. Um ser, se estiver em desequilíbrio vibratório e energético em seu meio, pode deixar de captar tais irradiações e de ser beneficiado por elas. Segundo mestre Rubens Saraceni, "o mistério Tempo transcende o espaço físico e interpenetra o campo da mente, das ideias, da criação e da religiosidade". Logunan é a divindade desse mistério da Lei Divina, onde atua como regente do polo negativo da Linha da Fé.

Um dos atributos do "Trono do Tempo" é a Lei do carma que é aplicada na vida dos seres por meio das atribuições de todos os outros Orixás. Para aqueles que subverteram os princípios básicos da Lei Maior, o Tempo é a própria sentença em execução.

Todos os Tronos Cósmicos ou negativos não são regidos pelo Tempo. São concentradores e ativos e estão assentados nos entrecruzamentos das correntes eletromagnéticas negativas com as irradiações verticais negativas, ambas capitadoras de energias.

Com base no que escreveu mestre Rubens Saraceni, no livro *Umbanda Sagrada* (Madras Editora), entendemos que uma irradiação vertical alcança todos os seres na dimensão onde vivem. Ela apenas vai passando por adaptações magnéticas aos níveis ou faixas e aos subníveis ou subfaixas vibratórios. Já a irradiação horizontal tem por finalidade criar uma harmonia total nos seres. O regente de um subnível pode conduzir um ser que ali estagiava para uma nova faixa vibratória, onde o novo Trono regente o acolherá, amparará, instruirá e sustentará. Nessa faixa, o ser permanecerá até que seus sentimentos íntimos alcancem uma completa afinidade com a irradiação do novo regente. Ele só sairá dessa faixa quando já estiver totalmente afinado com o seu mistério, magnética, energética, vibratória e emocionalmente e, então, será encaminhado para uma nova faixa.

Logunan e Oxumaré são regentes cármicos de uma das linhas cósmicas perpendiculares às irradiações verticais. Portanto, regem uma linha cósmica horizontal.

Oxumaré tem Magnetismo Dual e Ativo

Tudo no Universo se fundamenta nas ciências divinas do magnetismo e das energias. Magnetismo é a qualidade divina que dá sustentação a tudo, do micro ao macrocosmo. Cada coisa possui um magnetismo só seu e combina-se a outro magnetismo e fator, para dar origem às criações de Deus.

No caso das divindades, os polos regentes das linhas energo-magnéticas são ocupados por Orixás de sexos opostos, naturezas opostas, elementos opostos, magnetismos opostos, atuações opostas, mas nunca antagônicos e, sim, complementares entre si. São tronos localizados, assentados nos níveis intermediários das linhas de forças.

Naturezas masculinas ou femininas, positivas ou negativas, ativas ou passivas correspondem a polaridades que alcançam todo o Universo, do micro ao macrocosmo. A natureza positiva é aquela em que a energia, desdobrada do polo positivo da energia divina, estabiliza e sustenta tudo o que é tangível aos nossos sentidos. A natureza negativa é aquela em que a energia é sinônimo de ação, movimento e instabilidade. Nesse tipo de energia, temos a força que movimenta o Universo e ela não é tangível por nós, mas podemos até vê-la e senti-la, como é o caso dos raios e da luz solar.

O poeta João Cabral de Melo Neto, com sua sensibilidade, captou a ideia dos magnetismos, dos planos, das agregações e das essências e expressou-os no poema a seguir:

História Natural

O amor de passagem,
o amor acidental,
se dá entre dois corpos
no plano do animal,

quando são mais sensíveis
à atração pelo sal,
têm o dom de mover-se
e saltar o curral.

O mundo realizado,
juntados em casal,
eis que vão assumindo
o cerimonial

que agora é já difícil
definir-se de qual:
se ainda do semovente
ou já do vegetal

(pois os gestos revelam
o ritmo luminal
de planta, que se move
mas no mesmo local).

No fim, já não se sabe
se ainda é vegetal
ou se a planta se fez
formação mineral

à força de querer
permanecer tal e qual,
na permanência aguda
que é própria do cristal,

que não só pode ser
o imóvel mais cabal
mas que ao estar imóvel
está aceso e atual.

Depois vem o regresso:
sobem do mineral
para voltar à tona
do reino habitual.

Vem o desintegrar-se
dessa pedra ou metal
em que antes se soldara
o duplo vegetal.

Vem o difícil de-
semaranhar-se mal,
desabraçar-se lento
dessa planta dual

que enquanto embaraçada
lembrava um cipoal
(no de parecer uma
sendo mesmo plural).

Vem o desabraçar-se
sem querer, gradual,
de plantas que não querem
subir ao animal

certo por compreender
que o bicho original
a que já regressam
(já não no vegetal),

certo por compreender
que o bicho original
a que já regressaram
desliados, afinal,

não mais se encontrarão
no palheiro ou areal
multiplicado
de qualquer capital.

A concepção divina das coisas, ou amor divino, por exemplo, irradia-se por uma onda que nasce em Deus e alcança tudo e todos, em seu magnetismo mineral. A energia de Oxumaré é mineral, na linha magnética pura, porque ele é o polo masculino da linha do amor e, como o elemento mineral é o mais atrativo, suas irradiações são extremamente magnéticas. A energia desse pai é, também, cristalina porque ele é um Orixá atemporal e os tronos temporais são cristalinos. No elemento cristalino, ele absorve os minerais, dilui-se na água e irradia-se no ar.

Sua onda é bipolar e tem um magnetismo dual e negativo, que ora dilui as agregações desequilibradas e ora renova a vida, os meios e os sentimentos. Em seu polo positivo está o fator, o magnetismo agregador e conceptivo universal de nossa mãe Oxum. Oxumaré paralisa os vícios emocionais.

Pierre Verger, no livro *Orixás*, escreveu sobre Oxumaré: "Diz-se que ele é um servidor de Xangô e que seu trabalho consiste em recolher a água caída sobre a terra, durante a chuva, e levá-la de volta às nuvens". Disse, ainda, que "Oxumaré é a mobilidade e a atividade. Uma de suas obrigações é a de dirigir as forças que produzem o movimento".

Oxumaré, cristalino, torna as energias minerais mais sutis e as conduz para o alto, tanto nos seres quanto na natureza. Os estímulos cristalinos de Oxumaré diluem os pesados acúmulos de energias minerais das águas das chuvas para que evaporem.

Nos processos de evaporação e condensação, Pai Oxumaré atua com seus fatores minerais e cristalinos. No primeiro caso, o fator cristalino age decantando ou separando o material mineral sólido da água, que é transferida para a atmosfera e, aí, fica concentrada de maneira equilibrada. O mesmo equilíbrio ocorre com a água que fica na superfície da terra. No segundo caso, no processo de formação de nuvens, o fator de Pai Oxumaré irá diluir o excesso de vapor de água na atmosfera, uma vez que serão partículas de materiais minerais e cristalinos que provocarão o desequilíbrio, a condensação desse vapor e as chuvas.

Portanto, Pai Oxumaré não é apenas um servidor de Xangô (o calor); ele atua no ciclo da chuva, renovando-o, pois a água que evapora retorna como chuva. Ele dá mobilidade ao processo de evaporação/

condensação, pois é uma energia ativa e movimentadora, enquanto Xangô tem energia passiva.

Oriki de Oxumaré

"Oxumaré que fica no céu
Controla a chuva que cai sobre a terra.
Chega à floresta
E respira como o vento.
Pai, venha até nós.
Para que cresçamos
E tenhamos longa vida."

(Pierre Verger, *Orixás*)

Nos seres, a energia cristalina atua por intermédio do emocional, diluindo os acúmulos de energia mineral. A energia cristalina é e tem sido utilizada por diversos povos. Cristais especiais são usados, por exemplo, na medicina tibetana, para ajustar a luz interior do corpo sutil. Para os médicos tibetanos "os cristais são minas de radiação que contêm o poder de um dos sete aspectos da luz, um tipo especial de energia cósmica, presente no diamante e nas cores do arco-íris. O aspecto sétuplo da luz do arco-íris representa as energias, as forças e a qualidade do mundo manifesto. Os cristais operam no mesmo tipo de nível em que o corpo sutil". (dr. Márcio Bontempo, *O Caduceu de Mercúrio*)

Os cristais também têm sido empregados na magia australiana, oceânica e sul-americana e são chamados de luz solidificada, pedra de luz ou pedra viva, cujo brilho também é associado ao arco-íris e ao sol, evocando a clarividência e a sabedoria. "É um pedacinho do céu caído na terra." (Alix de Montal, *O Xamanismo*). Cada xamã possui vários cristais entre seus apetrechos. Os jivaros consideram-nos seus aliados de poder e alimentam-nos com suco de tabaco, a fim de conservá-los.

"Na física moderna, o cristal de quartzo desempenha igualmente um papel de manifestação do poder. Suas notáveis propriedades eletrônicas fizeram dele, bem cedo, um componente de base nos transmissores e receptores de rádio. Discos finos talhados no cristal de quartzo tornaram-se mais tarde os componentes básicos do material tecnológico moderno: computadores, relógios, etc." (M. Harner)

Oxumaré Irradia-se em Formas Sinuosas

Todo magnetismo tem sua forma de se irradiar e o faz através de ondas condutoras de energias, com comprimentos diferentes. Portanto, elas não se tocam, não se misturam, nem se anulam, porque cada magnetismo é irradiado em um padrão vibratório próprio, em uma frequência só sua.

"As ondas vibratórias estão em tudo, seja físico, material ou mental.(...) Cada onda possui seu fator, sua essência, seu elemento, sua energia e sua matéria que mostram como ela flui, dando origem a tudo e a tudo energizando ou desdobrando 'geneticamente'." (Rubens Saraceni, *Iniciação à Escrita Mágica*). Os Orixás são divindades de Deus, são mentais planetários divinos e suas vibrações alcançam tudo o que existe no planeta Terra: seres, criaturas, espécies, etc.

Oxum, com seu magnetismo positivo, irradia fluxos de raios retos que consolidam as agregações, concebendo tudo e todos. Irradia, também, ondas em forma de corações, que vão ligando as substâncias, os elementos, as essências, os sentimentos, e vão unindo os seres afins pelo elo do amor.

Tela Vibratória Agregadora do Trono Masculino do Amor: Esta é uma das Telas Vibratórias do Trono Masculino do Amor, mas Ele possui mais seis.

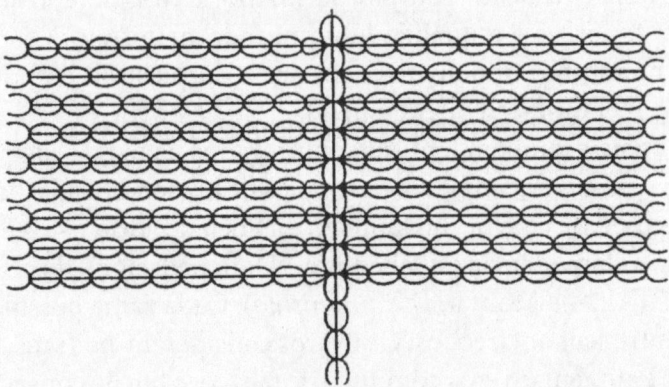

O magnetismo do Orixá Oxumaré, ou suas irradiações mentais, compõe as telas vibratórias do amor e obedece a uma irradiação sinuosa, como o rastejar das serpentes; daí surgiu a identificação desse Orixá com as serpentes.

Podemos perceber as "ondas magnéticas irradiadas por Oxumaré e comprovar sua existência observando a incorporação das Pombagiras, que ondeiam os quadris quando estão incorporadas em suas médiuns. O magnetismo feminino obedece ao giro anti-horário e o das Pombagiras obedece ao de Oxumaré, que se irradia em ondas que vão subindo. Então, com o choque de dois tipos de magnetismos, o corpo da médium ondeia, dando movimento aos quadris, onde está a base do sétimo sentido e o chacra básico, que está recebendo uma irradiação magnética ondeante proveniente das irradiações magnéticas de Oxumaré. O magnetismo dele sobe pelo corpo da médium, pois entra pelo chacra básico. O de Oxum desce, porque entra pelo chacra coronal". (Rubens Saraceni, *Orixás – Teogonia de Umbanda*)

Por suas ondas sinuosas, Pai Oxumaré rege, também, os movimentos da dança, tanto no microcosmo quanto no macrocosmo. Rudolf Laban, arquiteto, coreógrafo e estudioso dos movimentos, que viveu na Blatslávia (região do antigo império austro-húngaro) do fim do século XIX ao início do século XX, chamou os movimentos curvos da dança de formas serpentinas. A palavra coreografia, usada para significar a sequência dos movimentos da dança, vem do grego antigo "*choreosophia*", que significa estudo dos círculos.

O magnetismo de Oxumaré, negativo, dual e bipolar, é composto de duas ondas entrelaçadas que seguem em duas vibrações, criando uma irradiação ondeante e diluidora de todas as agregações não estáveis.

Em uma de suas ondas, dilui as agregações, cujo magnetismo é de natureza masculina, e, em outra, dilui as agregações de natureza feminina, dissolvendo compostos energéticos, alterando estruturas elementares e renovando sentimentos.

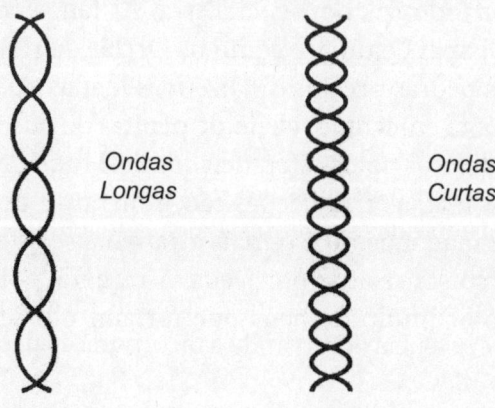

Ondas Longas

Ondas Curtas

Podemos ainda dizer que o divino Oxumaré é uma divindade tripolar, pois suas ondas fluem em duas direções, mas ele também possui um polo neutro, para fluir lado a lado com outros mistérios, combinando-se com eles, mas sem alterá-los ou por eles ser alterado.

- Onda Renovadora Atemporal – gera e irradia uma energia viva, capaz de renovar os sentimentos, a vida dos seres e as coisas criadas por Deus, mantendo a perpetuação da obra divina.

- Onda Diluidora Atemporal – gera e irradia uma energia viva capaz de diluir (desagregar) desde os sentimentos negativos até a vida desregrada dos seres viciados. Ela dilui tudo o que desestabiliza a criação divina.

- Onda Agregadora Atemporal – esta onda entrelaçada gera e irradia uma energia que une ou agrega tudo o que tocar. Desde o sentimento dispersivo de um ser, até os seres separados por sentimentos dispersivos.

- Onda Tripolar Agregadora – gera e irradia uma energia tripla ou com três qualidades distintas: diluidora, renovadora e temporal. Ela dilui o negativismo, renova as expectativas e abre um novo tempo na vida dos seres alcançados por ela.

Oxumaré é o Orixá da Riqueza

Essa é a qualidade de Pai Oxumaré mais apreciada não só pelos yorubás, mas por todos os povos da Terra. As lendas caracterizam Mamãe Oxum e Papai Oxumaré como os Orixás da riqueza, senhores do ouro e das pedras preciosas. Dizem as lendas que no final do arco-íris há um pote enterrado, cheio de pepitas de ouro.

Esses Orixás são os polos diferenciados do Trono do Amor, cujo fator é agregador e cujas irradiações são minerais e extremamente magnéticas. Esse magnetismo é o mais atrativo e se estende a todos os níveis, seres e coisas criadas por Deus. A riqueza, portanto, surge da agregação, do acúmulo de bens que tornam um ser rico. Mas,

Oxumaré é, também, o tempo que dilui a riqueza que desvirtua; até o final da leitura, descobriremos onde está a verdadeira riqueza dos Orixás do Trono do Amor.

Oxumaré é Identificado com o Arco-Íris e com as Serpentes

Pai Oxumaré apresenta-se de sete formas diferentes, como as cores do arco-íris. Diz uma lenda africana, que a serpente enfia a cabeça na água dos rios e estica seu corpo até as nuvens, na direção do castelo de fogo, para levar água ao castelo de Xangô. Nessa ocasião, o corpo da serpente reproduz as luzes das estrelas e dos astros, tornando-se o majestoso e fascinante arco-íris.

De acordo com o físico George Kouzo Shinomiya, o arco-íris é um espectro luminoso em forma de arco, que resulta da dispersão da luz solar, quando é refratada nas gotículas de chuva presentes na atmosfera. Ele é observado sempre quando uma nuvem se transforma em chuva, na direção oposta ao sol, indicando também uma reflexão

A luz proveniente do Sol refrata-se na primeira superfície, reflete-se no interior e refrata-se novamente ao sair da gota de chuva.

Nota: os ângulos entre o vermelho e o violeta estão exagerados.

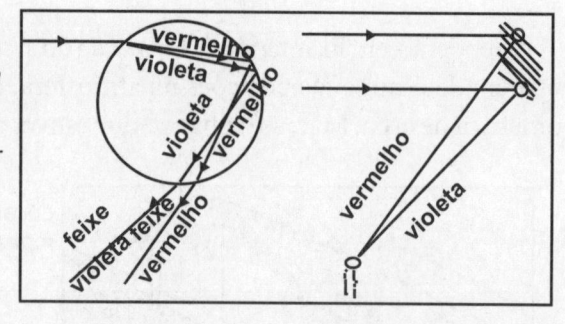

da luz solar nas gotas de chuva. O que realmente ocasiona o arco-íris é a reflexão na parte interna da gota de chuva, como indica a figura:

Surgem, então, um ou dois arcos concêntricos que apresentam as cores do espectro solar: violeta, azul, verde, amarelo, laranja e vermelho. O arco mais luminoso é o primário e tem a cor violeta no interior e o vermelho no exterior. O arco secundário é exterior, mais pálido e as cores apresentam-se na ordem inversa ao primeiro. A largura e a luminosidade do arco estão na razão direta do tamanho das gotas de chuva.

Quando se observa o traçado de vários raios luminosos, percebe-se que quase toda a luz re-emergente após uma reflexão, forma um ângulo de 42°, em relação à direção do Sol, enviando uma quantidade apreciável de luz ao olho.

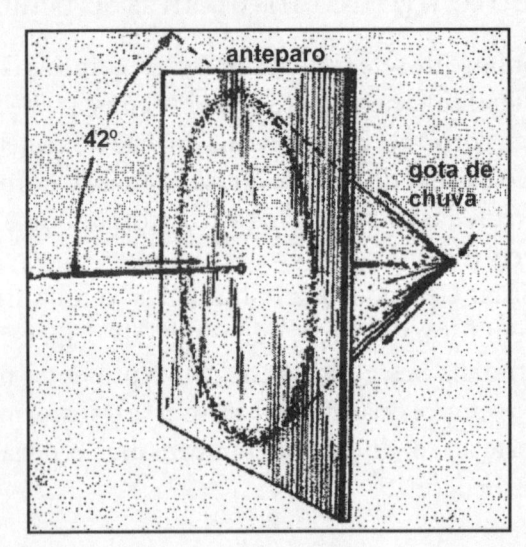

A maior parte da luz refletida, uma vez dentro da gota de chuva, emerge segundo a superfície de um cone.

Só poderão, então, intervir na formação do arco-íris aquelas gotas que ocuparem determinadas posições na atmosfera, dando-lhe essa forma geométrica de arco. Mas, se o observador estiver acima da superfície da

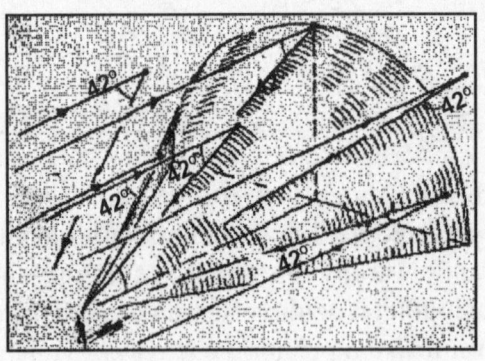

Localização das gotas que formam o arco-íris.

terra, poderá observar um arco-íris em forma de circunferência, pois existem gotas também abaixo do observador.

O arco-íris secundário é resultante dos raios de luz que sofrem duas reflexões no interior das gotas de chuva.

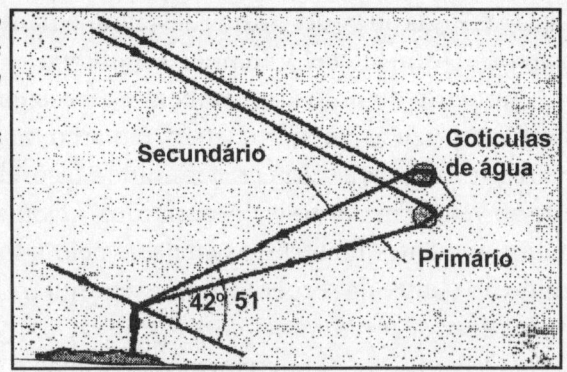

Pierre Fatumbi Verger afirma que o lugar de origem do Orixá Oxumaré (ou Dã) seria Mahi, ex-Daomé ou Daomei – terra da serpente Dã. Lá, esse Orixá é a serpente do arco-íris e tem múltiplas funções, dentre elas a de unir o céu e a terra, a de controlar as chuvas e as secas e a de trazer a riqueza aos homens. A presença do arco-íris indica chuva e esta garante a vida.

A identificação de Pai Oxumaré com Dã Aido Huedo, a serpente do Arco-Íris, não aconteceu por acaso, pois ele irradia as sete cores que caracterizam as sete irradiações divinas que dão origem às sete linhas de Umbanda e suas ondas manifestam-se em formas serpentinas.

O Orixá masculino da linha do amor é em si mesmo o arco-íris, pois sintetiza em si as sete cores e os sete sentidos da vida ou sete irradiações divinas: fé, amor, conhecimento, justiça, ordem, evolução e geração. Oxumaré, regente do mistério arco-íris, é o símbolo que anuncia a continuação da vida, renovada. A grande serpente do arco-íris é o símbolo de fertilidade, renovação e transformação; é a aliança entre os homens e a paz eterna dos deuses.

Às vezes, o Orixá Oxumaré é representado como a serpente que envolve a Terra, para impedir com sua força, a desagregação do planeta; outras vezes, por uma serpente enroscada que morde a própria cauda. Essa é a serpente uroborus, que "significa 'o Uno e o Todo', o encerramento global da matéria fechada sobre si mesma, a realização completa dos ciclos de crescimento e de realização, mas também do eterno retorno do cosmo. Se esse movimento acabar, a vida também acaba; daí a importância do movimento de Oxumaré. Este símbolo, oriundo do fundo arquetípico das civilizações árabo-alexandrinas, evoca estranhamente a *Kundalini*, a serpente enrolada na base da coluna vertebral, e que, nos textos tântricos, significa a energia ou poder primordial, momentaneamente adormecido na matéria". (Jean-Michel Varenne, *A Alquimia*)

A serpente do arco-íris também aparece em outros povos. Na Austrália, em seu aspecto iniciático, é o arco mágico que se estende entre o céu e as águas e o aspecto feminino e fecundo do animal, homologado ao ventre materno e à procriação. "O simbolismo de regresso iniciático ao ventre materno assinala-se pelo fato de o candidato ser engolido no ventre da serpente, que o regurgitará no estado de bebê." (Alix de Montral, *O Xamanismo*)

Na Oceania, em algumas tribos africanas e no vodu haitiano, a serpente é venerada como o deus primordial que preside às fontes e aos rios; ela é o movimento e a água e, em muitos casos, figura o arco-íris, que aparece com o abrandar das chuvas.

O Mistério "Serpente do Arco-Íris"

A serpente como símbolo encerra em si tantos mistérios da Natureza, que não há como esgotá-los. Poucos animais desfrutam de uma simbologia tão extensa e rica como ela, pois no sentido mítico, no esotérico e no psicológico, praticamente todas as suas características representam algo: a troca de pele todo ano; a língua ameaçadora; o movimento sinuoso; a capacidade de hipnotizar pequenos animais, envolvê-los com seu corpo e matá-los; seu veneno mortal; sua capacidade de sobreviver em diferentes meios (na terra, na água, nas praias, montanhas, desertos e florestas). É um animal ctoniano (subterrâneo ou infernal) e misterioso; pode significar um(a) rival ou instruir os homens nos mistérios divinos.

O símbolo religioso Arco-Íris divino era cultuado pelos antigos magos caldeus, que o receberam como herança religiosa da antiga civilização veda, que também o recebera de outra civilização ainda mais antiga. O culto à serpente é imemorial e aparece em diversos povos, como egípcios, gregos, romanos, daometanos, bantos e muitos outros. No passado remoto, ela era símbolo de cura e não de morte.

No Ocidente, esse animal é símbolo da malícia e da traição e dos conteúdos do inconsciente, na linguagem psicológica. Os romanos veneravam o destino, sob a forma de uma serpente.

Na tradição Oriental, a serpente é apontada como prudência e sabedoria, é associada à sexualidade e representa a energia kundalini, os sábios e os iniciados. Os hebreus consideravam-nas as guardiãs do templo e em sua mitologia arcaica, elas eram os Serafins. No zodíaco chinês, é o sexto signo.* No Egito, os faraós, nos rituais especiais e em comemorações religiosas, ostentavam o símbolo sagrado "uraeus", um tipo de coroa de ouro com uma serpente naja na parte frontal, símbolo da iniciação e da sabedoria oculta. Cleópatra, a rainha do Egito, era sacerdotisa do culto à serpente e todos os seus pertences e adornos tinham formato de cobras e similares.

Helena Blavatsky, ao fazer referência aos pais da astronomia mística e da cronologia, fala de Nârada ou Pesh-Hum (mensageiro), um antigo Rishi védico, executor e confidente dos decretos universais de Karma e Adi-Buda. É o poder inteligente que impele e dirige os ciclos; é o ajustador do carma, numa escala geral, com a finalidade de dirigir o progresso e a evolução universal. Ele é um dos poucos que visitam as regiões inferiores e aprendeu tudo o que sabe com a Serpente de Sete Cabeças.

Cita, também, as criptas subterrâneas de Tebas, no Egito, que se estendiam para o deserto da Líbia, e eram conhecidas como as catacumbas ou passagens da Serpente. Ali eram realizados os sagrados mistérios do Kuklus-Anagkês (ciclo inevitável) ou "círculo da necessidade", destino inexorável de toda alma depois da morte corporal.

O culto à serpente se intensificou no antigo Dahomei, na África ocidental e lá, Dã, a serpente sagrada, transformou-se no maior símbolo religioso do povo da região. Os yorubás chamaram essa mesma divindade de Oxumaré ou a Cobra Arco-Íris.

Segundo o livro *Código de Umbanda*, de Rubens Saraceni, Pai Oxumaré, há milênios, regeu uma religião fundamentada nos sete sentidos da vida (as sete irradiações divinas) ou as sete cores do arco-íris, que era de grande alcance. O símbolo sagrado "serpente do arco-íris" pertenceu à era na qual a religiosidade era transmitida pelos magos da natureza. Nas sete cores do arco-íris, eles sintetizavam os sete sentidos da vida, em suas inúmeras formas de manifestação: a Fé, o Amor, o Conhecimento, a Razão, a Lei, o Saber e a Geração. A "serpente do arco-íris" tem como significado "a união de todos os sentidos num só, que é o princípio luminoso que preside a evolução da

---

* N. E.: Sugerimos a leitura de *OVerdadeiro Horóscopo Chinês*, Minani Kreizi, Madras Editora.

espécie humana", o encontro dos sentidos humano e divino. (Rubens Saraceni, *Os Templos de Cristais*)

MISTÉRIO OXUMARÉ – "SETE COBRAS"					
ASPECTOS POSITIVOS OU AMPARADORES		REGÊNCIA	**ASPECTOS NEGATIVOS OU PUNIDORES**		REGÊNCIA
1º	SERPENTE BRANCA	OXALÁ	1º	COBRA NEGRA	OMOLU
2º	SERPENTE CORAL	XANGÔ	2º	COBRA RUBRA	(KALI YÊ) OROINÁ
3º	SERPENTE AZUL	IEMANJÁ	3º	COBRA RAJADA	IANSÃ
4º	SERPENTE DOURADA	OXUM	4º	COBRA CINZENTA	OBÁ
5º	SERPENTE VERDE	OXÓSSI	5º	COBRA DE DUAS CABEÇAS	NANÃ BURUQUÊ
6º	SERPENTE VERMELHA	OGUM	6º	COBRA ALADA	LOGUNAN
7º	SERPENTE ROXA	OBALUAIÊ	7º	SETE COBRAS	OXUMARÉ

"Um Orixá natural envia para a dimensão humana um de seus tronos ou 'intermediários', onde ele encarna, fundamenta todo um conhecimento religioso, acolhe seus afins que ali estão encarnandos ou reencarnandos e cria todo um culto de adoração a um Orixá natural. Com todos os Orixás as coisas aconteceram do mesmo jeito: cada uma das linhas de força enviou, no seu devido tempo, seus intermediários e estes iniciaram todo um culto religioso afinizado com o Orixá regente natural de sua linha de origem.(...) Quando uma divindade se 'humaniza', tem início uma religião ou um novo culto religioso." (Rubens Saraceni, *Código de Umbanda*)

Não pretendemos fazer referência a todas as culturas que tiveram ou têm a serpente como um dos seus mitos ou um de seus mistérios, pois a lista seria muito longa e desnecessária. Apenas indicamos alguns exemplos para ilustrar a presença do Orixá Oxumaré em diversas culturas, desde tempos remotos, mesmo que com outros nomes.

Caboclos Arco-Íris e Exus Sete Cobras

No ritual sagrado umbandista, o divino Pai Oxumaré atua nas sete irradiações como elemento renovador, regente do mistério "Arco-Íris" e tem toda uma hierarquia positiva de Caboclos e Caboclas Arco-Íris. Eles se manifestam na Umbanda por meio do mistério da Fé, pois todo Caboclo Arco-Íris é um semeador da fé. O Orixá Oxumaré tem, ainda, uma hierarquia mista, que em seu aspecto positivo forma a linha de Caboclos Sete Cobras, que agem em todas as irradiações positivas e em seus polos ativos.

Em seu aspecto negativo, essa hierarquia mista forma a linha dos Exus Sete Cobras que atuam em todas as irradiações cósmicas; eles são aspectos negativos do mistério Sete Cobras, mas são regidos pelos outros Orixás.

"Em verdade não existe um Exu Cobra, mas tão somente um aspecto negativo de Oxumaré que, junto com os aspectos cósmicos dos outros Orixás, no Ritual de Umbanda Sagrada, foram todos reunidos sob o nome de Exu.(...) "Os Orixás apenas sintetizaram numa só divindade cósmica (Exu) todos os seus aspectos negativos." (Rubens Saraceni, *Orixás – Teogonia de Umbanda*)

Os mistérios positivos são regidos por Orixás universais e assumem cores irradiantes. Os mistérios negativos assumem cores absorventes e são regidos pelos Orixás cósmicos. Os termos "serpente" e "cobra" simbolizam as qualidades afins com os campos vibratórios dos Orixá e não a conotação de réptil.

No livro *Código de Umbanda*, mestre Rubens Saraceni escreve: "existe toda uma dimensão natural reservada às 'serpentes'. Mas, elas são criaturas encantadas que não comem e se alimentam das energias elementais ali circulantes. Elas não atacam quem entra na dimensão onde vivem. Ao contrário, fogem de quem estiver vibrando ódio ou rancor e aproximam-se, felizes, de quem estiver vibrando fé e amor.

"Essa dimensão atende uma das vontades do Divino Criador e é dela que saem as 'almas' que animam os corpos físicos das serpentes que nascem no plano material, que a ela retornam assim que morrem, tomando uma direção diferente da que tomam os espíritos, inclusive em nível evolutivo, pois, após uma 'alma' ofídica fortalecer seu corpo energético no plano material, é enviada a outro orbe planetário, onde, num estágio posterior, servirá à criação divina que lá existe."

Conforme as obras do citado autor, os mistérios da criação encerrados no arco-íris, com suas sete cores, estimuladores da religiosidade nos seres humanos, nunca foram esgotados no plano material. Justamente por isso, esses mistérios e esse símbolo foram absorvidos pelos regentes planetários e são irradiados pelo Setenário Sagrado, por intermédio das religiões naturais. Com suas cores, os sagrados Orixás sintetizam o Arco-Íris sagrado.

A Cobra Coral

Na Filosofia oculta, o espírito da vida e da imortalidade era simbolizado pela serpente mordendo a sua cauda, formando um círculo (uróboro). A serpente que morde o próprio rabo é a cobra-coral, multicolorida, venenosíssima e devoradora de outros ofídios. Esse símbolo, que se perdeu no tempo, mas ainda é encontrado no esoterismo mágico, pertenceu aos já citados magos que receberam há muitos milênios a missão de revitalizar no plano material a tradição do Arco-Íris Sagrado.

No decorrer das eras religiosas, os símbolos sagrados vão sendo substituídos por outros, mas não perdem suas funções. Seus aspectos positivos e negativos permanecem adormecidos e despertam de tempos em tempos, para recolher espíritos retardatários que permaneceram no ciclo reencarnatório.

Esse símbolo mágico, a cobra-coral, foi trazido ao plano material há eras e jamais foi recolhido à faixa celestial. Na Umbanda, está representado pela hierarquia espiritual de Caboclos e Exus Cobra-Coral. Dizem os magos que" quando a Lei solta uma de suas serpentes mágicas, nem a própria Lei consegue recolhê-la sem antes matá-la. Como a Lei não mata nada, muito menos um de seus mistérios mágicos por excelência, a Coral da Lei continua ativa.

Afinal, a Cobra-Coral da Lei é a única serpente (simbólica) que consegue anular a grande Cobra Negra sem ter de matá-la: apenas a devora e incorpora seu veneno nas suas listas negras, tornando-se, assim, ainda mais poderosa. Todo aquele que tiver uma 'coral' à sua direita está sendo amparado pela Lei. E quem a tiver à sua esquerda, pela Lei está sendo vigiado." (Rubens Saraceni, *Código de Umbanda*)

A Serpente Dourada

Em uma era fora do alcance da História, foi aberto ao conhecimento humano o símbolo Serpente Dourada e, também, jamais foi recolhido. Ela simboliza o saber puro e é a única que consegue eliminar a Serpente Negra, a ignorância, sem sofrer qualquer contaminação.

"Todos interpretaram, no decorrer dos séculos, que os egípcios adoravam a serpente. Eis um símbolo revelado agora aos falsos sábios e cegos magos, com a permissão dos 21 guardiões da Lei. A Deusa Dourada, adorada no Egito, nada mais é do que o saber, o conhecimento sobre os mistérios. O saber era e é para os magos da luz como a Serpente Dourada: a quem ela pica, ou dá a vida ou mata por envenenamento.

Eis o seu mistério. Conhecimento: 'Quem conhece não teme e quem sabe ensina, no ascendente. No descendente, diz: 'O saber pode levar à loucura.' (...) Quando Eva foi tentada pela serpente no paraíso, deu a vida a um povo. Foi por amor que ela foi picada. Os sábios puseram uma maçã no meio para simbolizá-la. Aquele que for tentado pelo amor aos símbolos sagrados viverá. Os que forem tentados pelo ódio à Deusa Dourada, à sabedoria, não frutificarão. Resta a cada um ver se será picado para viver ou para morrer." (Rubens Saraceni, *Os Guardiões dos Sete Portais*)

O símbolo serpente dourada ou deusa dourada "predominou até a vinda de Akenaton, faraó egípcio, que a substituiu pelo saber do amor e lançou as sementes que germinariam com a vinda do divino mestre Jesus Cristo à Terra". (Rubens Saraceni, *Os Templos de Cristais*)

Porém, o símbolo permaneceu. O deus Aton, o Divino Criador, Senhor do Céu e da Terra, tinha por símbolo um disco solar, com uma serpente enrolada ao seu redor, portando no pescoço a "chave da vida". A serpente, então, estava ligada à ideia das metamorfoses incessantes pelas quais o homem profano passa e que o iniciado controla.

As Serpentes nas Esferas Cósmicas

O magnetismo de Oxumaré, ao atuar na vida do ser, "obedece a uma irradiação semelhante às ondas de rádio, que são sinuosas como o rastejar das serpentes. É do tipo de irradiação magnética de Oxumaré que adveio o sincretismo ou identificação com as serpentes (...) Ele rege, com seu magnetismo ondeante, uma dimensão toda ocupada por criaturas que se movimentam como nós vemos as nossas serpentes no solo: sempre ondeando!

Uma onda fatoral divina é tão completa em si que rege todas as coisas originadas em sua qualidade; influi sobre a formação de tudo o que tem nela sua origem; alcança tudo e todos em todos os quadrantes do Universo, ou da tela plana, que demonstra o lugar ocupado por uma divindade e está presente na vida de todos os seres." (Rubens Saraceni, *Gênese Divina de Umbanda Sagrada*)

A parte positiva de um fator rege sobre os seres e a razão, e a parte negativa rege sobre os instintos e sobre as criaturas que normalmente chamamos de animais irracionais. Por isso, cada Orixá tem os seus animais, que em verdade são criaturas instintivas geradas por Deus em suas ondas fatorais.

"As energias circulantes nas esferas cósmicas (trevas ou inferno), são essencialmente 'humanas', e por isso estimulam os sentidos fazendo que o latejar íntimo e até reprimido ou ocultado, vá se dimensionando de tal maneira que em pouco tempo o espírito, antes com sua aparência humana, alterado pelo emocional sobrecarregado, explode nas mais desumanas aparências. Onde o ser é o que aparenta ser, as desigualdades se acentuam e a moral nivela a todos por baixo. Vítimas e algozes são prisioneiros do meio onde a lei automaticamente os reuniu e os aprisionou. ... Dessa prisão só sairão quando esgotarem seus acúmulos de energias negativas, anularem seus emocionais, descarregarem em meio aos mais terríveis tormentos seus sentimentos íntimos viciados e viciadores, e o principal: voltarem suas mentes e sentimentos para Deus e para o alto. Deus é a lei, e foi a lei que ali reteve o ser em desequilíbrio que, em consequência do seu magnetismo negativo e seus sentimentos viciados, para a luz não poderia ser conduzido, uma vez que nela não se sustentaria.

Nas esferas cósmicas espíritos humanos podem ser aprisionados em corpos plasmados, regredidos à aparência de animais. É comum encontrarmos cães, serpentes, etc (...) nos sombrios domínios da lei nas trevas.(...) Tais aparências plasmadas ... são abrigos da lei que os auxiliarão até que, aptos a retornar ao convívio com espíritos equilibrados, venham a estar.

"Deus, bondade pura, não castiga ninguém, apenas recolhe na aparência plasmada de uma serpente rastejante os espíritos que, tendo membros, foram para seus semelhantes muito mais perigosos que as mais venenosas serpentes." (Rubens Saraceni, *A Evolução dos Espíritos – A Tradição Comenta a Evolução*)

Campos de Atuação do Pai Oxumaré

> "Nada pode renascer para um estado melhor sem morrer previamente e passar pelo período de dissolução e putrefação dos seus princípios anteriores."
>
> *Auriger*

Diluidor e Esgotador das Agregações Desequilibradas

Oxumaré tem múltiplas funções. É o Orixá que dilui todas as agregações desequilibradas e renova o meio no qual elas acontecem, criando condições para que essas agregações novamente ocorram, em equilíbrio e harmonia com o todo.

Repetimos que Oxumaré é um Orixá temporal, cósmico, ativo, negativo, com atuação alternada: diluidor e renovador. É o tempo, cujo magnetismo dilui todas as agregações que perderam suas condições ideais ou sua estabilidade natural, ficando desequilibradas, desarmoniosas ou emocionadas e renova a vida, os meios, os sentimentos e tudo mais que se fizer necessário.

Vamos exemplificar, explicando as agregações desequilibradas no sétimo sentido da vida.

Esgotador de Desequilíbrios Sexuais

O Orixá masculino da linha do amor, juntamente com Oxum, rege a sexualidade. Oxumaré dilui os acúmulos de energias minerais, que são pesadas e chegam até mesmo a paralisar uma pessoa, torna-as sutis e as conduz para o alto, ou para o mental, tanto na Natureza quanto nos seres. Pai Oxumaré atua no emocional dos seres, enviando-lhes estímulos cristalinos que diluem os pesados acúmulos das energias minerais. Oxumaré é o Orixá diluidor dos emocionais apaixonados e esgotador das sexualidades desequilibradas; rege a energia *kundalini*, sutilizando as energias sexuais.

Kundalini é a energia fundamental, o poder divino extremamente instável, que é latente em cada ser humano, e o mantém vivo; é um deva ígneo, descrito como o princípio universal de vida, que se manifesta em todas as partes da Natureza e pode ser refulgente como um raio. As explicações sobre essa energia surgirão no decorrer do texto.

Oxumaré rege a energia *kundalini*, a sutilização das energias sexuais, as serpentes e tudo que se movimenta de modo ondeante; é por isso que a energia *kundalini* é chamada de serpente ou "fogo serpentino". A *kundalini* é a energia vital ou poder supremo que se encontra na base da espinha, enroscada, enrolada três vezes e meia no chacra* raiz (ou básico) de cada ser humano. É a energia fundamental, cósmica, inteligente e criadora, adormecida em nós.

"(...) Quando um ser une-se a alguém que não lhe é afim e não consegue tornar sutis suas energias para que elas fluam naturalmente para seu mental, então Oxumaré entra em sua vida como elemento cósmico que começará por diluir a união desequilibrada, direcionando-o para uma das faixas vibratórias sob sua regência na linha de forças da concepção (de energias) e ali o reterá até que, naturalmente, ele se descarregue do acúmulo negativo de energias viciadas que o estão paralisando e negativando.

É uma atuação lenta e sutil, pois é natural, e o ser tem que ser preservado tanto mental quanto energeticamente, senão se fecha em

---

* N. E.: Sugerimos a leitura de *A Fonte de Cura dos Ckakras e das Cores*, Aligandra, Madras Editora.

si mesmo e torna-se impermeável às irradiações que lhe chegam o tempo todo. Se isso acontecer, o ser se transformará numa aberração em si mesmo." (Rubens Saraceni, *Orixás – Teogonia de Umbanda*).

Mas, se essa força extremamente sutil for despertada pela graça divina e começar a purificar todo o ser, quando ela ascender e atravessar os vários centros sutis de energia, passando pelos chacras, até chegar ao chacra coronal, então o ser individual se fundirá com o Ser Supremo.

Oxumaré é o Fator Renovador

Oxumaré é a única divindade de Deus que é em si mesmo a renovação e, por seu fator renovador, traz em si a qualidade de renovar a vida, os meios, a religião, os sentimentos íntimos dos seres, um meio ambiente, uma agregação, uma energia ou um elemento. Ele atua nas

ATUAÇÃO DE OXUMARÉ NAS SETE LINHAS		
	LINHA	RENOVAÇÃO
O X U M A R É	DA FÉ	DA RELIGIOSIDADE DOS SERES.
	DA CONCEPÇÃO	DO AMOR NA VIDA DOS SERES.
	DO CONHECIMENTO	DOS CONCEITOS, TEORIAS E FUNDAMENTOS.
	DA JUSTIÇA	DOS JUÍZOS, DOS JULGAMENTOS.
	DA LEI	DAS ORDENAÇÕES QUE OCORREM DE TEMPOS EM TEMPOS.
	DA EVOLUÇÃO	DO REENCARNE.
	DA GERAÇÃO	DAS DOUTRINAS RELIGIOSAS, DA VIDA.

sete linhas, apresentando-se de sete formas diferentes, como as cores do arco-íris. Representa o movimento, a atividade, a continuidade e a permanência renovada.

Na linha da fé Oxumaré tem um dos seus campos preferidos. Se alguém não está equilibrado e evoluindo em uma religião ou doutrina, Oxumaré atua pelo emocional, atua anulando toda a atração que a pessoa sentia por essa religião, já estabelecida em seu íntimo. Por seu fator renovador, Oxumaré a encaminhará a outra religião, com nova doutrina, que a auxiliará a novamente recomeçar e evoluir no caminho reto da religiosidade.

A linha do amor é o campo preferencial de atuação de pai Oxumaré, que é a renovação do amor na vida dos seres e a renovação dos seres, em todos os seus aspectos. "Oxum rege sobre as uniões e dá início à concepção, pois é o seu magnetismo agregador que propicia as uniões e dá formação aos pares ou casais, assim como faculta a troca equilibrada de vibrações entre os seres. Essas trocas equilibradas de energias vão amadurecendo-os e possibilitando que os sentidos, ainda pouco desenvolvidos, tenham sua expansão magnética acelerada, crescendo suas irradiações e sua capacidade de captação de energias afins que despertam nos seres outros sentimentos e outras necessidades emocionais, até que, em dado momento, esse fluxo energético que flui de baixo para cima (*kundalini*) alcance naturalmente o mental dos seres que, a partir daí, começam a desenvolver a 'consciência.'" (Rubens Saraceni, *Orixás – Teogonia de Umbanda*)

Pai Oxumaré é o diluidor do emocional apaixonado que desequilibra as uniões. Ele rege sobre a genética renovadora da vida; portanto, é a sexualidade fecunda, é a divindade que renova o amor na vida dos seres. Onde o amor cedeu lugar à paixão, ou foi substituído pelo ciúme, cessa a irradiação de Oxum e inicia-se a de Oxumaré, diluidora tanto da paixão como do ciúme.

Ele é o regente cósmico na linha da concepção. Se um ser desenvolveu uma negatividade que o está paralisando, após descarregá-lo e redirecioná-lo, Oxumaré o conduz a uma nova união, para que retome sua evolução, equilibrada e na linha reta (irradiação vertical).

Na Umbanda, o "mistério criança" ou corrente das crianças, formado por seres "encantados", masculinos e femininos, é regido pelo Orixá Oxumaré, que é o Orixá da renovação da vida nas dimensões naturais. Esses seres "encantados" (crianças ou Erês) manipulam as energias elementais e são portadores naturais de poderes só encontrados nos próprios Orixás que os regem.

Pai Oxumaré, na linha do conhecimento, dilui conceitos, teorias, fundamentos e raciocínios ultrapassados, desequilibrados e superados pelo tempo e pela evolução, e renova o aprendizado e o conhecimento, dando-lhes novas feições. Dilui, também, as ações instintivas, racionalizando nossa percepção. No livro *A Evolução dos Espíritos – A Tradição Comenta a Evolução*, o sr. Ogum Beira Mar, G. M. L. C. nos diz que "uma das principais atribuições dos Orixás é justamente instigar nos seus adeptos a faculdade de 'pensar'".

Na linha da justiça, o divino Oxumaré é diluidor dos desequilíbrios que ocorrem por falta de juízo e de racionalidade e por excesso de emotividade dos seres, que prejudicam o meio ou as pessoas que estão à sua volta. É renovador dos juízos, dos julgamentos e dos procedimentos, refazendo a razão, a equidade e a força equilibradora, que atuará nos seres e no meio, devolvendo-lhes a paz, a harmonia, o equilíbrio mental, emocional, racional. Renova os julgamentos sobre os parâmetros de respeito aos limites alheios.

Na linha da lei, dilui as desarmonias e desordens. É renovador do caráter, da retidão em todos os sentidos, dos caminhos e das ordenações que ocorrem de tempos em tempos, e dos parâmetros de respeito aos limites alheios. É a própria execução da Lei para aqueles que subverteram seus princípios básicos, de lealdade, sustentação, segurança, ordem, etc.

"Oxumaré está na linha da Evolução como a renovação ou o próprio reencarne, que é quando um espírito troca de pele, tal como faz Dã, a Serpente Encantada do Arco-Íris." (Rubens Saraceni, *Orixás – Teogonia de Umbanda*). Ele renova a vida, através da morte e da reencarnação. Dilui tudo o que perdeu o equilíbrio para evoluir, para crescer mentalmente, para gerar sabedoria, bem-estar, vontade de seguir adiante e passar de um estágio para outro. Dilui os vícios e tudo que perdeu a evolução, a estabilidade e a durabilidade. Oxumaré, na Linha da Evolução, renova o emocional dos seres, os princípios, a sabedoria, a natureza medicinal, a capacidade de cura, estabilidade e movimento.

Na linha da geração, Oxumaré cuida da renovação do corpo físico, para o reencarne e da diluição da religiosidade negativa. Para mestre Rubens Saraceni, um espírito não gera outro espírito, mas tão somente o corpo físico é gerado pelos pares no plano material. Só os

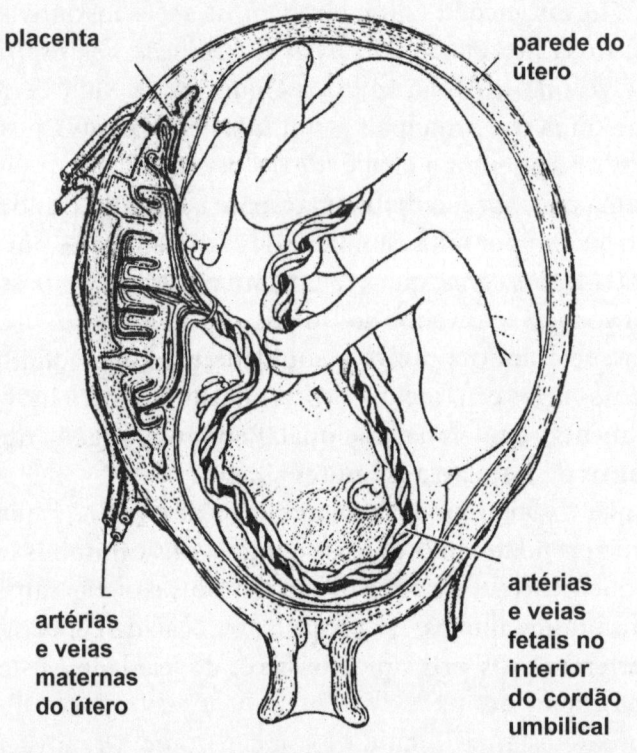

Secção do útero humano com um feto ligado pelo cordão umbilical à placenta; a circulação materna é indicada por setas interrompidas, a circulação embrionária por setas inteiras.
(Adaptada de Ahlfeld e Spanner.)

espíritos encarnados criam ao se unirem, geram um novo corpo carnal que servirá de morada viva para o espírito que reencarna.

Segundo os iorubás, Oxumaré controla o cordão umbilical, que é alongado e sinuoso. Devemos lembrar que esse cordão é o canal de alimentação da vida que se renova, pois leva o alimento ao novo ser. Oxumaré é, então, o fator alimentador dessa nova vida.

Quando o poder de criar é posto em prática apenas por impulsos cegos e instintivos, com desvios da sexualidade, taras, excentricidades, vícios, luxúrias e perversões de todos os tipos, pode gerar grandes efeitos cármicos e muito sofrimento. Uma sexualidade muito ativada pode resultar em desequilíbrios, em degenerações, em lutas e em infelicidades, tanto na vida individual como na vida das sociedades e da humanidade. Oxumaré, então, atua intensamente na vida dos seres com desequilíbrio no sétimo sentido da vida, a partir do polo negativo da tela mineral e tem duas linhas de ação: a positiva, que direciona o ser no rumo de uma união regeneradora, cujo objetivo é a concepção, a geração, a criação; e a negativa, que afasta e isola o ser, impedindo-o de conceber o mal ou maldades, podendo, mesmo, paralisá-lo.

Na linha água-cristal, Pai Oxumaré atua como polo complementar do mistério Iemanjá cristalina ou da fé. É diluidor da religiosidade negativa e renovador das doutrinas religiosas.

No polo negativo da linha da geração está um dos mais temidos aspectos negativos de Oxumaré, regido pelo não menos temido Omolu, que é o Exu Cobra Negra. Ele leva "a morte à vida religiosa dos seres que combatem as renovações religiosas que acontecem de tempos em tempos na face da Terra. E, se acontecem renovações religiosas, é justamente para acelerar a evolução dos espíritos, não para paralisá-las no tempo". (Rubens Saraceni, *Orixás – Teogonia de Umbanda*).

Temos um exemplo de renovação religiosa na própria Umbanda, que é uma nova forma de cultuar os Orixás, mais aberta e facilmente adaptável à cultura e à época atual.

Oxumaré é a Impermanência e a Continuidade

A Nossa Prisão

Christmas Humphreys

Em celas, grandes ou pequenas, vivemos confinados
Nas formas e cores de pensamento e vontade.
O âmbito concedido a cada mente
Mal permite uma gota mais generosa
Que borre o rótulo espalhafatoso
Do cativeiro, testemunha dos nossos padecimentos.
Fechados em nós mesmos agarramo-nos sempre
Às limitações.

> *Ah! se uma espada, uma rútila espada*
> *Derrubasse os tristonhos muros, ceifando*
> *Convicções, pensamentos, crenças, ortodoxias!*
> *Quem me dera um momento livre,*
> *Sem temor de nada, rompendo todos os grilhões*
> *Que me prendem a mim...*
>
> *Vivemos cativos.*

A *kundalini*, regida por Pai Oxumaré, é a energia adormecida, representada sob a forma de uma serpente enrolada em torno do osso sacro. Enquanto está adormecida, vivemos em um estado de sono, de ilusão, e nele ficamos presos aos ciclos cármicos de causa e efeito, ou seja, vivemos presos às reencarnações. Totalmente inconscientes de nós mesmos e do nosso verdadeiro papel na vida, somos escravizados ao mundo material.

A sociedade ocidental, principalmente, vive imersa nas malhas da ilusão e dependente desse mundo material, escravizada às sensações de prazer e dor e a condutas morais, baseadas nos conceitos do bem e do mal. A segurança e a estabilidade valem mais do que a espontaneidade e a liberdade. "Vivemos presos ao passado, inseguros diante do futuro, perplexos perante o presente e, principalmente, apavorados diante da sombra da morte, que nos persegue, passo a passo, como se fosse o fim de tudo." (Aiyan Zahck, *Como Utilizar os Cristais*)

No oriente, o Buda Siddhartha Gautama ensinava que tudo à nossa volta é impermanente e transitório, "todas as coisas surgem e vão embora". O ciclo da forma é evidente em toda parte: nascimento, crescimento, decadência e morte. Para o Budismo, a causa de todo sofrimento está no apego fútil ou avidez, que precisamos superar, para alcançarmos um estado de libertação. Buda ensinou o caminho que conduz à paz do coração, assim que toda a ideia de ego esteja morta. "Quando se compreende que o egoísmo, a crença na importância fundamental do 'eu', é uma ilusão, uma simples tolice, uma tentativa da parte no sentido de combater o todo, vê-se que o eu é o único demônio, a verdadeira causa do mal e da maioria do sofrimento que nos aflige." (Christmas Humphreys, *O Budismo e o Caminho da Vida*)

O magnetismo de Oxumaré nos faz refletir sobre a questão da impermanência, pois o mesmo é composto de duas ondas entrelaçadas que seguem na mesma direção, criando uma irradiação ondeante, na qual uma onda é diluidora e outra é renovadora. Pai Oxumaré sempre atua diluindo desequilíbrios, desarmonias, teorias, conceitos, fundamentos, desordens e tudo mais do que estiver negativado e, renovando, movimentando, dá continuidade aos fenômenos. Assim, tudo muda constantemente, tudo é renovado; nada permanece como era antes.

Se tudo é impermanente neste mundo das formas, devemos usar nosso livre-arbítrio, nosso discernimento, para trilharmos um caminho evolutivo de luz, e, quem sabe, podermos, num tempo não muito distante, encontrar a realidade significativa, a iluminação. Para isso, é preciso escolher a maneira adequada para despertarmos a serpente que dormita em nós, a nossa energia adormecida.

Mas, se o poder da energia *kundalini* for despertado antes do devido tempo, pode mostrar-se cruelmente destrutivo e, se essa energia é utilizada erradamente, com propósitos egoístas e com desrespeito, "ela retorna como um bumerangue, causando um efeito desastroso". (G. S. Arundale, *Kundalini: Uma Experiência Oculta*)

Os Corpos

Toda matéria vibra em frequências variadas, a partir de um princípio eletromagnético, e tem a capacidade de interação. Nós, humanos, temos um fluxo energético no corpo físico relacionado aos fluxos energéticos de energia divina, cósmica e universal, celestial, galática, estelar, solar, planetária, humana e espiritual, todos interligados e interagindo.

A energia divina penetra em nosso ser imortal pelo cordão mental ou "Fio da Vida", que vem do infinito e liga-se ao nosso mental superior – sede do todo espiritual – que, por sua vez, une-se à mente humana. No mental, trazemos nossa herança genética divina ancestral e sua ligação ao cérebro sustenta nossa vida na carne pelos sete cordões virtuosos que nos alimentam com os dons originais. Quanto mais virtuosos forem os nossos pensamentos, sentimentos e

Ilustração aproximada de como as energias virtuosas entram em nosso todo espiritual:

Cordão que nos liga à fonte de Energia Divina (alimentação positiva constante)

Os dons originais chegam a nós desta forma:

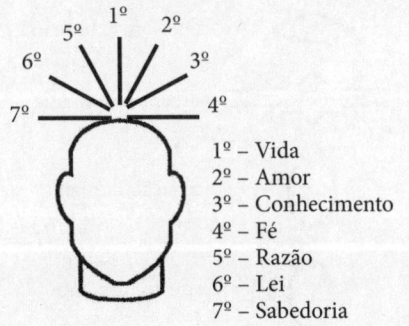

1º – Vida
2º – Amor
3º – Conhecimento
4º – Fé
5º – Razão
6º – Lei
7º – Sabedoria

atitudes, mais incorporam-se ao nosso todo espiritual, fortalecendo o cordão mental. Também somos portadores de um cordão ligado à energia cósmica, que pode ser neutralizado pelas energias virtuosas ou alimentado pelas energias negativas viciadas.

De acordo com Pai Benedito de Aruanda, o nosso todo espiritual é composto pelo espírito, sensação, percepção, consciência, racional, emocional e mental humanos, que são ativados e entram em nosso mental, como energia divina, por meio da energia branca cintilante.

A energia branca cintilante sintetiza as cores das sete vibrações e representa o arco-íris de Pai Oxumaré. Lembramos que as guias desse Orixá, na Umbanda, podem ser feitas com contas brancas cintilantes, nacaradas.

A ilustração abaixo mostra como ocorre a entrada de energias virtuosas em nosso todo espiritual, por meio dos sete canais descritos, despertando a vontade de ação em nosso emocional, ativando nosso racional e nossa consciência.

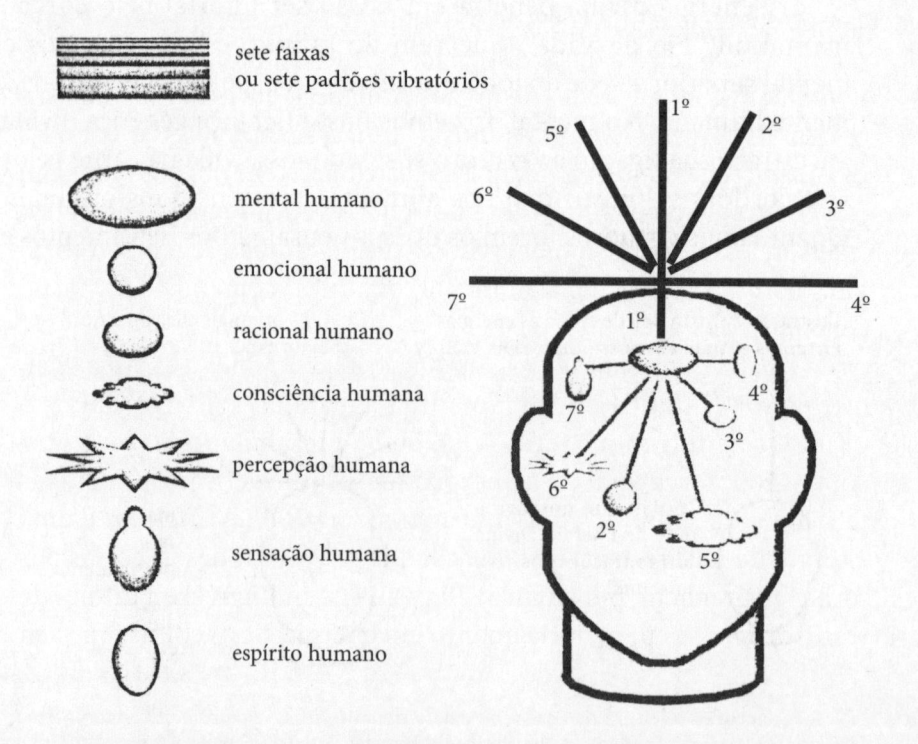

sete faixas
ou sete padrões vibratórios

mental humano

emocional humano

racional humano

consciência humana

percepção humana

sensação humana

espírito humano

O mental ou núcleo da vida é formado no estágio original da vida. É o corpo elementar básico, com o código genético do ser, que irá alimentá-lo por todo o sempre e é onde energias, positivas ou negativas, podem ser geradas por ele. Essas energias espalham-se, alcançando o todo espiritual.

O corpo emocional, exteriormente, é incorporado ao mental no plano dual de evolução. O campo percepcional e sensitivo é formado no estágio trienergético.

Além desses, o ser recebe o revestimento chamado corpo plasmático, um envoltório que isola e protege o corpo energético, tornando-o um ser espiritual. O corpo plasmático acompanha o crescimento do corpo carnal. Ele é a aparência "externa" e a tela refletora do interior do ser, a aura, que poderá ser irradiante ou concentradora, conforme os sentimentos por ele vibrados.

Nossos corpos alimentam-se de energias oriundas dos alimentos e da respiração e de energias de outras dimensões ou reinos energéticos. O corpo material vive em permanente troca e interação com o campo energético universal, dele assimilando energias. Isso é realizado por meio dos sete canais e dos chacras, que são pontos de força que funcionam como espécies de órgãos de ligação entre o físico denso e os demais corpos ou veículos sutis. Os chacras captam essas energias de outros reinos, que circulam e se distribuem em nosso organismo ou se acumulam neles próprios que as devolvem ao campo energético exterior. Esse organismo energético sutil é também chamado força vital ou *prana*, e permeia, alimenta, organiza, comanda e vivifica o corpo físico.*

A palavra *prana* é de origem sânscrita e significa a energia vital, que pode ser obtida do sol, do ar, da água e do solo. Na China, o prana é referido com o termo *ch'i*, ou *qi*, literalmente *gás* ou *éter*, o sopro vital, força vital ou a energia que anima o cosmo, semelhante à ideia de *sopro de vida*, que aparece na *Bíblia*. O *prana* é uma energia de natureza aérea e volátil, que envolve todas as coisas por fora e as preenche por dentro; é invisível e intangível e tanto pode transformar-se em matéria quanto em energia. Se as coisas fenecem

---

* N. E.: Sugerimos a leitura de *Ayurveda e a Terapia Madras – Pontos de Energia no Tratamento por meio da Ioga*, drs. Avinash, David Frawley, Subash Ranade, Madras Editora.

e morrem é pela ausência do *prana* e se crescem e se desenvolvem é por sua presença.

O *prana* é convertido em energia por meio dos chacras, que a enviam aos órgãos internos, tecidos, nervos e vasos. Ele movimenta-se pelo corpo humano, fluindo continuamente em quatro direções básicas: ascendente, descendente, entrando e saindo. O corpo mantém-se saudável quando a movimentação dessa energia está em equilíbrio. Através do *prana* fluem todos os fatores divinos que são absorvidos por nossos chacras, imantando os sentidos e despertando em nós os mais variados sentimentos, tanto positivos como negativos.

Pai Benedito de Aruanda nos diz que o *prana* é considerado uma energia complexa, sustentadora da vida em todo o Cosmos, fatorada por setenta e sete tipos de energias e os fatores que o formam são partículas minúsculas. Essas energias circulam nos pontos de força da Natureza e nelas destacam-se sete padrões:

- Nefas, o meio aquático planetário, oceano vivo que auxilia na geração de vidas; é a mãe universal.
- Agni, o calor vital, o fogo divino que tudo aquece e anima.
- Om, o sopro vital, a energia aérea que circula por todas as dimensões da vida. É o verbo, onde estão todos os sons, a comunicação, a palavra, a sonorização dos sentimentos.
- Sirach, o poder vital, a energia terrena que sustenta os princípios vitais. É a forma, a terra, a solidez.
- Hashimarah, o poder mineral, que fornece os meios de sustentação para tudo o que vive.
- Népmas, o plasma vegetal alimentador da vida e dos meios pelos quais ela flui.
- Karishás, o plasma cristalino, modelador da vida em suas múltiplas formas e dos meios onde os seres vivem e evoluem.

A corrente positiva de *prana* entra pela narina direita, terminal do canal sutil ou *nadi* chamado *pingala*. Após dinamizar e alimentar os chacras (acumuladores e transformadores de energia), sai pela narina esquerda em que termina o *nadi* chamado *ida*. A corrente negativa faz o oposto, entrando pela narina esquerda e saindo pela direita. Os *nadis ida* e *pingala*, que começam cada um em uma narina, vão se fundir no chacra básico, na base da coluna vertebral, onde reside a energia *kundalini*. Essa energia é inativa, adormecida, no homem comum, mas é, também, uma potencialidade disponível a todos os seres.

É especialmente pela respiração que nosso corpo bioplasmático capta as energias cósmicas, para carregar os chacras e fazê-las circular pelos canais ou *nadis*. O equilíbrio entre todos os corpos é a condição necessária para desfrutarmos de uma saúde global perfeita. A combinação e equilíbrio das energias de todos os corpos resulta na aura humana ou campo de energia sutil que envolve uma pessoa e que expressa seu ser.

Pai Oxumaré atua sobre os três canais vitais sutis *ida*, *sushuma* (central e neutro) e *pingala*, que fazem fluir a energia *kundalini*, distribuindo-a aos chacras, que se interligam ao *prana*, aos órgãos e aos nossos diferentes corpos, vitalizando-os. Esses chacras, vórtices ou pontos de força, além de serem responsáveis pelo processo de alimentação energética, são responsáveis pelo alinhamento dos nossos vários corpos. Para que esse alinhamento esteja correto, é necessário que haja o equilíbrio de cada chacra, o desbloqueio dos canais sutis de energia, *sushuma*, *ida* e *pingala*, e a movimentação da energia *kundalini*. Esses canais serão tratados em capítulo específico.

O *prana*, que permeia, envolve, nutre e controla nosso corpo, é responsável também por nossa mente, pois estrutura e dinamiza os dois, fazendo-os viver. Quando tal energia abandona o corpo, este morre, quando escasseia, ele enfraquece e quando se desarmoniza, surgem as doenças.

Podemos perceber claramente que há um conjunto harmônico e dinâmico entre os corpos, os chacras e os canais vitais e que a ação de Pai Oxumaré nesse processo é de suma importância, ativando, desbloqueando e movimentando as energias. Por isso, muitas vezes Pai Oxumaré é, também, considerado um Orixá da saúde.

O nosso todo espiritual é composto pelo espírito humano, sensação, percepção, consciência, razão, emoção e mente, que se expressam externamente, e são percebidos e classificados pelos clarividentes, como campos ou veículos de energia físico, etérico, emocional, mental, astral e espiritual.

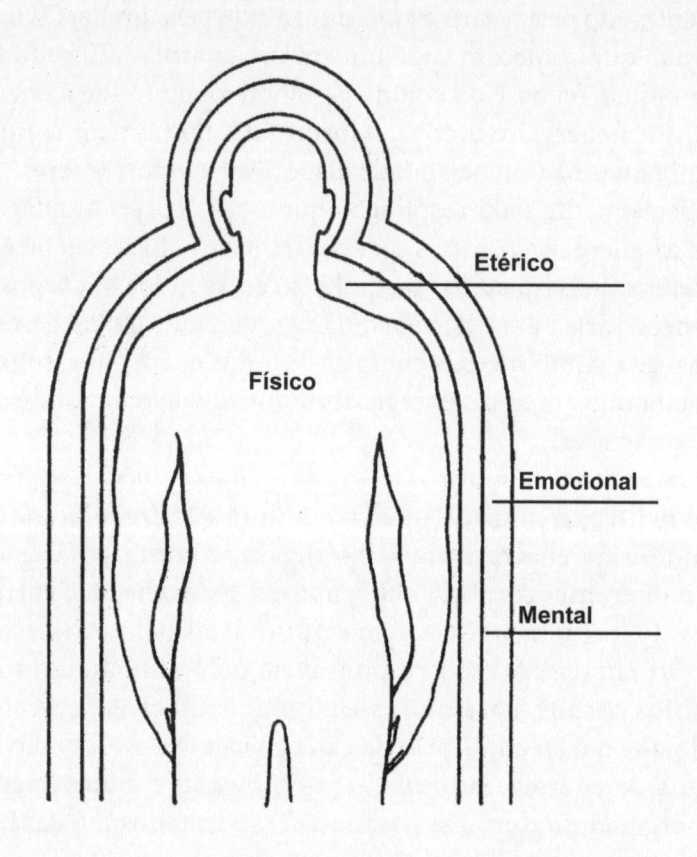

A personalidade de cada indivíduo é constituída pelos veículos físico, etérico, emocional e mental, integrados e interpenetrados. Envolvendo a personalidade estão os corpos astral e espiritual.

Vamos fazer uma apresentação sucinta de cada um dos corpos, apenas para ilustrar nossas afirmações anteriores. Os três corpos inferiores estão associados e metabolizam as energias relacionadas com o mundo físico; os três superiores, relacionam-se e metabolizam energias do mundo espiritual. A camada vinculada ao chacras do coração, ou corpo astral, interliga e transforma as energias que vão de um mundo para outro.

O Corpo Físico

Corresponde ao nosso corpo material e é uma manifestação do ser total. Esse corpo é o veículo mais denso de consciência e utiliza o *prana* mais grosseiro, fornecido pelos alimentos e pelo ar e, utiliza também, um pouco, do *prana* sutil. Esse corpo está circunscrito ao tempo e espaço do mundo material e suas condições podem ser determinadas pelo exame dos demais corpos, pois ele é um depositório de todos eles, é um instrumento da manifestação da alma. O corpo físico transmite todas as energias por meio dos chacras, representados pelo sistema endócrino.

O Corpo Etérico

O corpo ou campo etérico tem a mesma estrutura do corpo físico e envolve sua pele, circundando-o com uma camada de energia cuja radiação pode atingir, aproximadamente, de 6 a 50 centímetros. Ele inclui todas as partes anatômicas e todos os órgãos do corpo denso e sustenta os tecidos físicos. É chamado de membrana, invólucro, aura da saúde ou corpo vital e tem a capacidade de absorver e reter as energias vitais que penetram em nossa estrutura material. O corpo físico e o corpo etérico atuam como um todo unificado e necessitam de *prana* para manter a saúde e a vitalidade.

O corpo etérico é formado por linhas azuladas de luz em constante cintilação e transmuta o *prana* sutil dos níveis mais refinados, por meio dos chacras e pode ser expandido pela respiração dirigida e pela visualização.

O corpo sutil é profundamente influenciado e sensível aos padrões dos pensamentos e emoções e expressa tudo sobre o organismo físico. Essa superfície etérea de nosso corpo denso não apresenta rupturas ou imperfeições, quando o ser está em perfeitas condições espirituais e físicas.

O Corpo Emocional

Esse corpo, associado aos sentimentos, é também chamado de corpo do desejo e simboliza o espelho astral vivo, pois expressa nossas verdadeiras aspirações. Sua estrutura é mais fluida que a do corpo etérico e se assemelha a nuvens de substâncias finas, coloridas, em contínuo movimento. Ele libera emoções que são absorvidas pelo físico e reflete, sem discriminar, todas as alterações de humor, tais como os sentimentos de medo, coragem, alegria, tristeza, luxúria, desejo, ganância, amor e ódio. Sua capacidade de sentir vai desde as paixões animais até o amor desinteressado.

Esse corpo responde a vibrações mais refinadas e contém todas as cores do arco-íris. É uma faixa que se estende, em todas as direções, a uma certa distância do corpo, variável entre 25 e 75 centímetros e pode funcionar como um sistema de antenas pessoais, colhendo sensações e transmitindo-as ao corpo físico.

É preciso manter a mente tranquila, o autoconhecimento, a aspiração espiritual e aquietar o 'eu', para harmonizar o campo emocional com o objetivo de manter as emoções superiores e a serenidade do espírito.

O Corpo Mental

É o aspecto menos denso e mais externo da aura, estendendo-se de setenta e cinco centímetros a dois metros, e interpenetra toda a substância astral, etérica e física. Compõe-se de substâncias finas, associadas a pensamentos e processos mentais, pois contém a estrutura de nossas ideias. Tem a propriedade de agir como uma balança entre o organismo etéreo e o emocional, emanando a essência da inteligência ativa, da memória, da disciplina, do julgamento e da discriminação. Ele decide o que será absorvido pelos outros corpos ou não.

Esse corpo expressa a natureza mental, a habilidade de pensar claramente sobre todos os assuntos pertinentes e fundamentais para o ser e estabelece o nível para o pensamento abstrato. O desenvolvimento das faculdades mentais superiores estimula novas habilidades, como a intuição, a recepção de pensamentos inspiradores, a telepatia e outros.

O Corpo Astral

É o corpo que serve de ponte entre o plano físico e o plano espiritual do ser e, quando vitalizado, torna-se mais belo e perfeito a cada existência. Estende-se a uma distância aproximada de 15 a 30 centímetros do corpo e pode estar impregnado de cor rosa. É o veículo para as viagens fora do corpo. Conecta-se ao corpo físico pelo cordão de prata.

O Corpo Espiritual

É formado por três corpos superiores. O primeiro, ou quinta camada, é chamado etérico padrão, é uma forma heliográfica, ou espécie de negativo fotográfico do plano físico. Ele contém todas as formas existentes no corpo físico, incluindo os chacras, no etérico.

O segundo, ou sexta camada, é o nível emocional do plano espiritual, também chamado de corpo celestial. É o nível pelo qual sentimos o êxtase espiritual, que pode ser alcançado pela meditação ou por outras formas de elevação da consciência. Esse corpo é o depósito de talentos e de tesouros das encarnações anteriores.

O terceiro corpo, ou sétima camada é a presença divina ou fonte de toda energia. Quando a consciência é elevada até esse nível, ocorre a identificação com o Divino Criador. Irradia energia pura para ser utilizada em todos os corpos. Esse nível de energia contém a corrente principal de força, que nutre o corpo todo, a energia *kundalini*, regida por Pai Oxumaré, que corre para cima e para baixo, ao longo da espinha. Seu pulsar, para cima e para baixo, carrega e liga energias por meio das raízes dos chacras, induzindo outras correntes energéticas, que circulam todas em forma de rede, mostrando a força da luz mantenedora de todo o campo. Essa é a atuação de Pai Oxumaré, no mais alto nível do ser humano.

O entendimento da ação de Pai Oxumaré sobre os três canais vitais, que carreiam energias ligadas às forças cósmicas, e sobre a energização dos chacras e dos corpos, permite a reflexão e o entendimento do significado da vida, de nossa atuação nesta existência, da saúde e de nossa postura em relação a ela.

Oxumaré e a Kundalini no Corpo Humano

Kundalini é a palavra sânscrita que significa *enroscada, espiralada como uma serpente*. O verbo *kund*, supostamente a raiz da palavra, significa *queimar*, mas a *kundalini* é fogo apenas em seu sentido de abrasamento, pois esse fogo (embora haja efeitos físicos) não é físico em si.

O substantivo *kunda* dá uma ideia de recipiente, orifício ou cavidade, e o substantivo *kundala* dá-nos uma noção do modo pelo qual essa energia atua, pois significa *bobina espiral*. A palavra *kundalii* significa serpente. O sentido literal da palavra *kundalini* é, então, "espiralado como uma serpente". Essa energia é chamada também de "fogo serpentino" ou "poder criativo", adormecido em sua potencialidade, enrolado esfericamente. A energia *kundalini* é uma tríade de atividades, com um poderoso fluxo de vida, mediante seus movimentos sinuosos e seu tríplice poder de criar, destruir e renovar, assim como o Orixá Oxumaré. Essa energia, como já dissemos, é chamada de serpente porque é regida por esse Orixá, que também rege a sutilização das energias sexuais e tudo que se movimenta de modo ondeante.

No corpo humano, as ondas entrelaçadas de Pai Oxumaré manifestam-se nos *nadis* ou canais sutis, condutores da energia vital *kundalini*, que ligam todos os chacras por dentro da coluna vertebral, ativando-os. "Mestres, ascensionados há milênios, dizem-nos que um espírito após sua terceira encarnação já possui os canais condutores da energia *kundalini* totalmente formados." (Rubens Saraceni, *Teologia de Umbanda*)

Sempre que há um avanço no crescimento espiritual do ser, ocorre uma intensificação da *kundalini*. A energia vital gerada no aparelho genésico pode ser canalizada e usada como sustentadora de vigorosas ações em outros campos da vida e, se quintessenciada, sutilizada via *kundalini*, pode expandir o poder mental e abrir faculdades mentais superiores, muito mais abrangentes e sutis. A *kundalini* flui em graus ascendentes de vitalidade, como se banhasse todo o corpo, embora haja uma tendência a desenvolver sua concentração em uma área específica do corpo físico. Mas, "reter a *kundalini* somente na sexualidade é negar a si mesmo a criatividade intelectual". (Rubens Saraceni, *A Evolução dos Espíritos – A Tradição Comenta a Evolução*)

"Como Oxumaré atua sobre a sexualidade de todos os seres, e porque suas irradiações magnéticas são ondeantes, os seres sob sua atuação direta não caminham com retidão, já que seus corpos energéticos

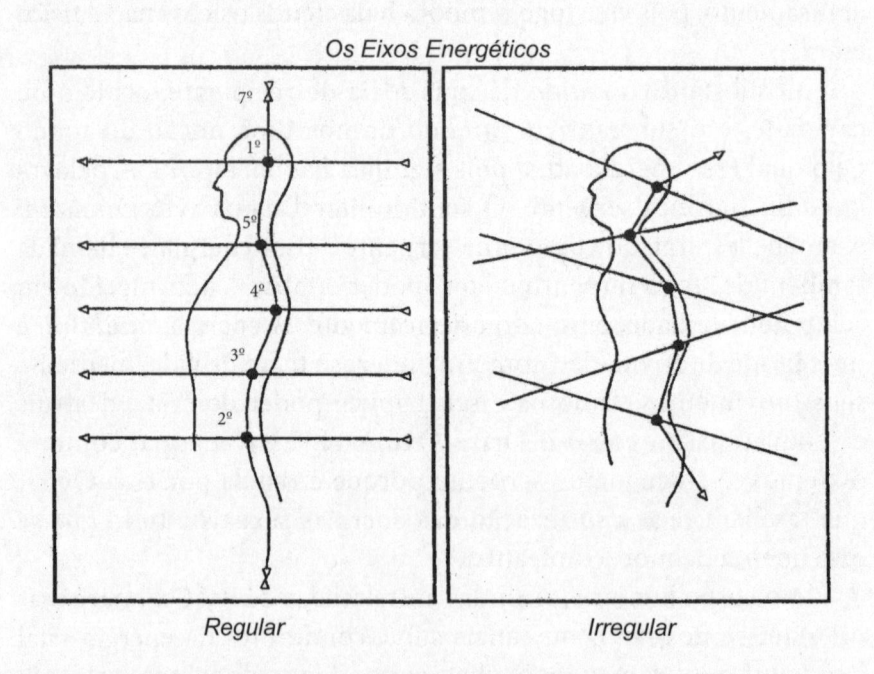

Os Eixos Energéticos

Regular   Irregular

também ondeiam em torno do eixo magnético planetário que passa por dentro de cada ser através do lado interno da coluna vertebral. E a irradiação de Oxumaré vem de baixo para cima, por meio desse eixo magnético, e sai pelo chacra coronal que se localiza no alto da cabeça.

A própria postura *yogue* de meditação visa deixar reto esse eixo magnético que passa por dentro do corpo energético do ser e permite um fluxo muito maior da energia *kundalini*, que também ascende até o mental através de uma corrente energética ondeante". (Rubens Saraceni, *Código de Umbanda*)

Operando sobre os chacras e sobre os *nadis*, o *yogue* tântrico procede a uma depuração e a uma série de transformações para libertar a energia dos seus condicionamentos. Se os canais se mantiverem retos, a força ou energia fluirá naturalmente de maneira apropriada. A postura pode afetar a mente; por isso, os *yogues* evitam arquear as costas, mantendo-se eretos e controlando a respiração, para harmonizar dentro do corpo os "ares" exteriores do mundo externo e os interiores do mundo sutil.

O canal de contato da consciência divina com nossa consciência adormecida é *sushuma* que, uma vez desbloqueado, quando o ser está livre das ilusões da matéria, permite o acesso à "câmara do coração" e abre o caminho para o despertar. "Despertar" significa recordar, lembrar-se, ainda em vida, de sua consciência integral e de quem realmente é. Nesse indescritível e magnífico momento, o ser liberta-se de todos os condicionamentos, desejos e preocupações fúteis e atinge a iluminação – a realização de Deus, dentro de si mesmo.

A *kundalini* flui durante toda a vida e pode ser mais ou menos ativa; pode purificar os três canais centrais e levar à iluminação ou simplesmente estimular o ser. Mas, pode ser transformada, repentinamente, em uma torrente caudalosa que mesmo sendo proposital, disciplinada e subordinada a um grande objetivo, ainda assim, pode tornar-se uma violência se não estiver sob controle ou orientação.

A energia *kundalini*, sublimada, significa que o poder criativo intelectual, associado à fonte de geração de energias no polo sul do ser, foi conduzido à sede da mente e dotou-o de um profundo poder de meditação.

No livro *O Guardião do Fogo Divino* (Madras Editora), de Rubens Saraceni, há o seguinte relato sobre a energia *kundalini*: "(...) pouco a pouco fui anulando meu emocional e controlando aquele fluxo inesgotável. Quando dei início à condução dele aos níveis superiores da mente, senti que um fogo líquido subia pelos canais condutores... O abrasão era tão intenso, que me sentia incandescido da cabeça aos pés. Quando aquele fluxo ascendeu totalmente, eu o projetei através de meu chacra frontal e foi como se toda uma barreira ou uma densa cortina houvesse sido rompida. Minha visão expandiu-se e aprimorou-se de tal forma que comecei a ver diferente de antes (...)".

Devido à criatividade e imaginação proporcionadas por essas energias, para aquele que aprecia a meditação e a reflexão sobre os múltiplos aspectos que a vida assume à nossa volta, um vasto campo foi aberto por Pai Oxumaré.

A *Kundalini* e os *Chacras*

Energias de naturezas e padrões diferentes chegam-nos continuamente do plano celestial, por meio de gigantescos pontos de força, chacras planetários que as distribuem a todos os planos e esferas, inclusive ao plano material.

Nosso corpo físico, assim como nosso meio material, alimenta-se dessas energias, oriundas de outras dimensões ou reinos energéticos, para a manutenção do complexo e instável processo da vida. Essa é uma das fontes principais de nossa sustentação energética; as outras duas são a alimentação e a respiração.

No corpo físico, os chacras, ou discos, não devem ser vistos como algo material em movimento, mas um espaço onde se concentra grande massa e energia, movendo-se com vibração própria, em determinado sentido. São centros de energia ou pontos de força invisíveis aos olhos comuns, que fazem o processo de alimentação energética de nosso físico e são responsáveis pelo alinhamento dos nossos vários corpos. A partir do corpo etérico ou sutil eles são distribuídos e funcionam como espécies de órgãos de ligação entre o físico denso e os demais corpos ou veículos. São polos eletromagnéticos captadores e emissores de energias.

Sob a regência de Pai Oxumaré, movimentando a energia *kundalini*, princípio universal da vida, poder divino latente em todos os seres e em todas as partes da natureza viva, os chacras podem ser ativados e purificados. Essa força sutil divina, ao elevar-se, no plano

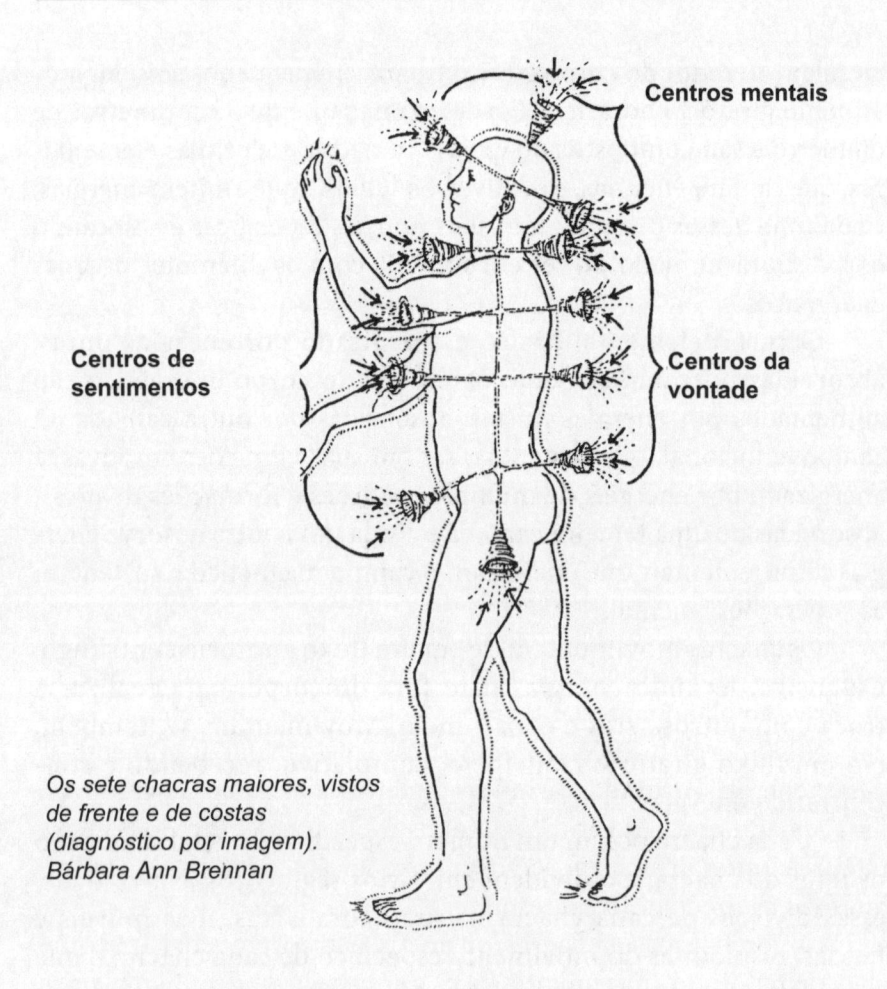

Os sete chacras maiores, vistos de frente e de costas (diagnóstico por imagem).
Bárbara Ann Brennan

etérico, ao longo da coluna vertebral, pode despertar os dons correspondentes a cada um dos chacras, abrindo-os, até alcançar o chacra coronal, propiciando ao ser individual sua fusão com o Ser Supremo.

Os Chacras

A palavra chacra também é um termo sânscrito e quer dizer roda ou disco giratório. Os chacras, ou pontos de forças, aparecem com clareza aos clarividentes, sob a forma de "depressões", formando pequenos turbilhões coloridos de matéria etérica, afastados cerca de 6 milímetros do corpo físico. Esses vórtices captam as energias que circulam ao redor do corpo etérico e parecem pequenos sóis em movimento giratório horário. Têm aproximadamente 5 centímetros de diâmetro e são compostos de várias "camadas" de células elementares, que captam energias, e de diversos "cílios", que emitem energias. Cada uma dessas camadas têm suas funções específicas e colocam o corpo supra-humano do ser em sintonia com os diferentes padrões energéticos.

O corpo elemental básico é energizado por energias puras, absorvidas por uma camada; os órgãos do corpo energético são alimentados por energias mistas, absorvidas por outra camada. O campo emocional, que sustenta o ser em suas vibrações emotivas, é energizado por energias de múltiplos padrões e formações diversas, absorvidas de uma terceira camada e ainda uma outra absorve energias tetraelementais que energizam o campo magnético e sustentam as "operações" mentais.

Os chacras movimentam-se em um fluxo giratório centrífugo, expansivo, levando energias para fora do corpo, para realizar a troca com outros seres e com o meio. Movimentam-se, também, em um fluxo giratório centrípeto, cumulativo, recebendo e concentrando energias.

"Cada chacra possui um número específico de pétalas, que são os raios do chacra, e o dividem em vários segmentos. Na verdade, essas divisões de cada chacra não são compactas, mas móveis e fluidas, resultantes do movimento específico de cada chacra, o que cria a falsa imagem de pétalas." (dr. Márcio Bontempo, *O Caduceu de Mercúrio*)

O desenvolvimento dos chacras varia de um indivíduo para outro, pois depende da espiritualidade de cada um e, consequentemente, da quantidade de energia enviada pela *kundalini*, para o funcionamento de cada chacra. Quando bem desenvolvidos, eles palpitam, apresentando luz viva e brilho resplandecente. Quando pouco desenvolvidos, seu brilho é fraco e seu movimento é lento.

Os chacras estão ligados, no plano físico, às glândulas de secreção interna, também em número de sete, obedecendo ao setenário arquetípico do Universo.

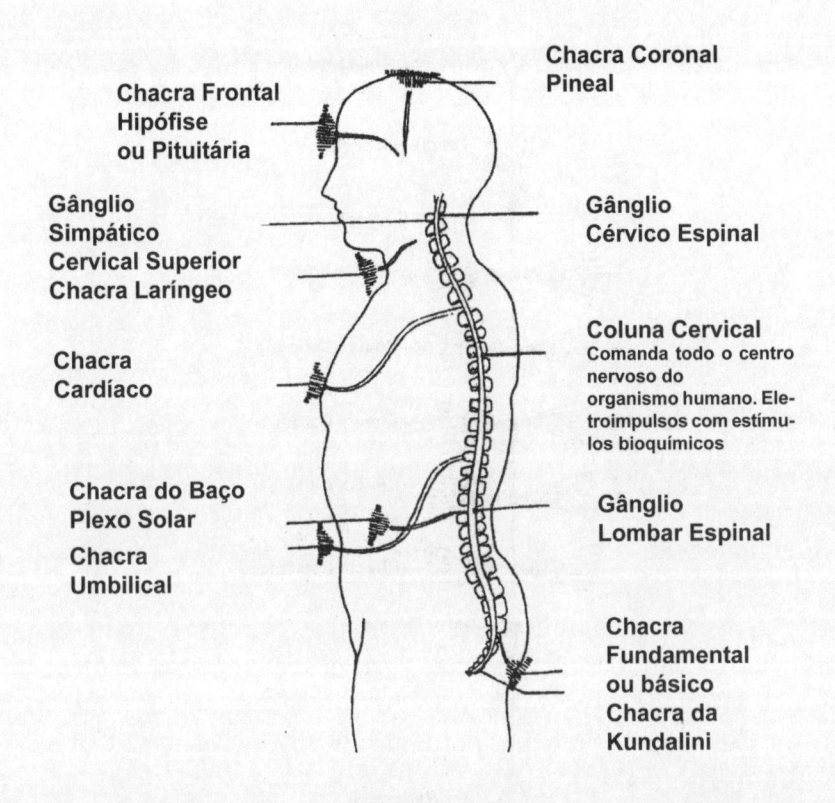

Chacra Frontal
Hipófise
ou Pituitária

Chacra Coronal
Pineal

Gânglio
Simpático
Cervical Superior
Chacra Laríngeo

Gânglio
Cérvico Espinal

Chacra
Cardíaco

Coluna Cervical
Comanda todo o centro nervoso do organismo humano. Eletroimpulsos com estímulos bioquímicos

Chacra do Baço
Plexo Solar
Chacra
Umbilical

Gânglio
Lombar Espinal

Chacra
Fundamental
ou básico
Chacra da
Kundalini

LOCALIZAÇÃO, RELAÇÃO DOS CHACRAS COM AS SETE LINHAS E COM AS GLÂNDULAS					
CHACRAS	SENTIDO	NOME INDIANO	LOCALIZAÇÃO	GLÂNDULAS
Coronal	FÉ	*SAHASHARA*	NO TOPO DA CABEÇA OU ORI	PINEAL
FRONTAL	CONHECIMENTO	*AJNA*	TESTA, POUCO ACIMA DOS OLHOS	HIPÓFISE OU PITUITÁRIA
LARÍNGEO	ORDEM	*VISHUDA*	NA GARGANTA	TIREOIDE
CARDÍACO	AMOR	*ANAHATA*	NO PEITO, SOBRE O CORAÇÃO	TIMO
UMBILICAL	EQUILÍBRIO	*MANIPURA*	UM POUCO ABAIXO DO UMBIGO	SUPRARRENAIS
ESPLÊNICO	EVOLUÇÃO	*SWADISTANA*	SOBRE O BAÇO	PÂNCREAS
BÁSICO	GERAÇÃO	*MULADHARA*	NA REGIÃO SACRA	GÔNADAS

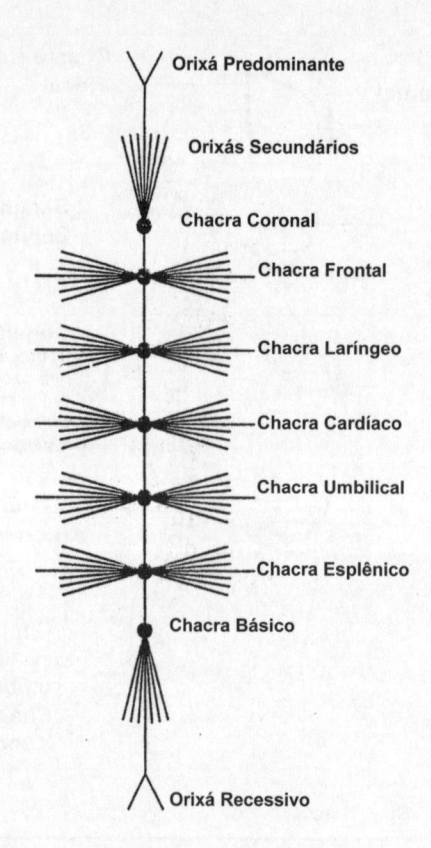

```
        Orixá Predominante

        Orixás Secundários

        Chacra Coronal
        Chacra Frontal
        Chacra Laríngeo
        Chacra Cardíaco
        Chacra Umbilical
        Chacra Esplênico
        Chacra Básico

        Orixá Recessivo
```

Os sete chacras principais são pontos de captação de energias básicas e relacionam-se com as sete vibrações ou sete sentidos da vida, que são reguladores da evolução dos seres. As energias são captadas e canalizadas para os sentidos que sustentam a evolução de cada ser.

"Nenhum desses chacras pertence exclusivamente a um só Orixá, mas sim, dependendo do Orixá que fatorou e rege a ancestralidade de uma pessoa, aí esse Orixá é o regente do ori, da cabeça do médium e do chacra coronal. Nesse mesmo chacra, os outros Orixás estarão presentes, mas com qualidades secundárias, pois a principal sempre será a do Orixá que o fatorou." (Rubens Saraceni, *Gênese Divina de Umbanda Sagrada*)

Ao redor do chacra coronal estarão os outros Orixás, em uma distribuição que forma uma coroa, ou roda, ou arco-íris, só encontrada naquela pessoa, e o mesmo acontecerá nos outros seis chacras.

CHACRAS E FUNÇÕES			
CHACRA	SENTIDO	FUNÇÃO	LIGAÇÃO COM
Coronal	FÉ	CONGREGADOR: RECEBE ESTÍMULOS DO ESPÍRITO E LIGA O SER À CONSCIÊNCIA DIVINA.	O CORPO DIVINO, COM A MENTE, SEDE DA CONSCIÊNCIA; COMANDA OS DEMAIS.
FRONTAL	CONHECIMENTO	EXPANSOR: ORDENA AS PERCEPÇÕES, ENTRE ELAS, A VISÃO, AUDIÇÃO, TATO E REDE DE PROCESSOS DA INTELIGÊNCIA (ARTE, CULTURA, SABER, PALAVRA).	O CORPO DIVINO; TEM O COMANDO DE NOSSOS PODERES PSÍQUICOS, PARA ENTENDIMENTO DA VIDA. É RESPONSÁVEL PELA CLARIVIDÊNCIA.
LARÍNGEO	LEI	ORDENADOR: PODER DA PALAVRA E VONTADE DIVINA; CLARIAUDIÊNCIA, PONTE ENTRE OS CHACRAS DO TRONCO E DA CABEÇA	O MENTAL SUPERIOR E COM A COLOCAÇÃO DO SER NA SOCIEDADE; DÁ FORÇA E ELASTICIDADE ÀS CORDAS VOCAIS, O TIMBRE E HARMONIA DA VOZ.
CARDÍACO	AMOR	AGREGADOR: CENTRO DO PROCESSO DE EVOLUÇÃO HUMANA; COMANDA O SISTEMA CIRCULATÓRIO.	OS SENTIMENTOS MAIS ELEVADOS; PONTE ENTRE O MUNDO DOS FENÔMENOS E O MUNDO SUPERIOR – MENTAL CONCRETO.
UMBILICAL	JUSTIÇA	EQUILIBRAR, CAPTAR AS EMOÇÕES.	A REFLEXÃO, A INTUIÇÃO, OS SENTIMENTOS E EMOÇÕES EM GERAL; RELACIONA-SE AO CORPO ASTRAL.
ESPLÊNICO	EVOLUÇÃO	TRANSMUTAR E DISTRIBUIR A ENERGIA CÓSMICA.	O CORPO ETÉRICO; É RESPONSÁVEL PELA DISTRIBUIÇÃO E CIRCULAÇÃO DOS RECURSOS VITAIS.
BÁSICO	CRIAÇÃO	GERAR: MODELAR FORMAS E ESTÍMULOS.	O CORPO FÍSICO; É RESPONSÁVEL PELAS SENSAÇÕES FÍSICAS E PELA REPRODUÇÃO HUMANA.

Um ser humano nunca será igual a outro, já que sempre haverá alterações nas distribuições dos Orixás que assumem padrões diferentes de energia, em cada encarnação. As combinações das distribuições principais e secundárias dos Orixás nos sete chacras são tantas que sempre haverá diferenciação entre as pessoas. Isso explica, também, as diferentes classificações encontradas para as cores predominantes nos chacras.

Todos os chacras são importantes e fundamentais para nossa vida e quando há uma interação harmônica entre eles, alcançamos a felicidade. Cada chacra é responsável por um dos sete dons, sentidos ou formas de viver a vida. O chacra básico está ligado ao corpo físico, com a função de 'energizar' o processo de reprodução humana. O chacra esplênico liga-se ao corpo etérico, com a função de captar e distribuir as energias cósmicas. O chacra umbilical relaciona-se com o corpo astral e sua função é captar as emoções. O chacra cardíaco é o centro do processo de evolução humana e está ligado ao mental concreto, ou às emoções superiores. Sua função é desenvolver no indivíduo a capacidade de se identificar com emoções superiores, buscando sua evolução. O processo de transmutação do 'eu inferior' para a mente espiritual ocorre no coração. O chacra laríngeo é a ponte entre os chacras do tronco e da cabeça e está ligado ao corpo mental superior. O chacra frontal está ligado ao corpo espiritual. Sua abertura permite o acesso à visão "espiritual" e à capacidade de entender a realidade da vida. O chacra coronal tem a função de ligar o indivíduo ao Ser Supremo, ainda em vida, quando completamente desperto em sua consciência divina.

Chacra Básico

Também chamado chacra raiz, está relacionado com as glândulas sexuais, os testículos ou os ovários, e recebe uma energia primária que emite quatro raios. A raiz do chacra básico localiza-se na base da coluna vertebral, relacionando-se a tudo que nos prende à terra e à vontade de viver. É o ponto de origem para o fluxo da energia *kundalini*, que ativa os demais chacras, oferecendo-nos vitalidade e instinto de sobrevivência. Estando em funcionamento pleno, será responsável pelo desejo e impulso sexual que, direcionados de modo sadio, levarão à concretização do ato sexual e ao orgasmo. Comanda a reprodução e quando amplamente desenvolvido, promove o discernimento espiritual.

A energia *kundalini*, de onde provém a energia sexual ou as forças de criação que habitam cada corpo físico, pode ser canalizada para os chacras superiores e, dessa forma, direcionada para os mais diversos aspectos da atividade humana. Sua canalização não ocorre apenas durante o ato sexual, mas acontece o tempo todo, de maneira bem menos intensa.

Ter esse chacra demasiadamente ativado, por uma sexualidade muito intensa, não significa que ele está desenvolvido ou aprimorado. O sexo é o meio pelo qual os seres são gerados, portanto, deve ser dignificado e não 'liberado'. O ser sexualmente equilibrado é capaz de canalizar essa energia de modo pleno e satisfatório em todos os aspectos de sua vida, ativando as faculdades intelectuais, reforçando a afeição desinteressada e altruísta e ampliando a espiritualidade.

Já sabemos que a regência da energia *kundalini* é uma das atribuições de Pai Oxumaré, que irá ativá-la e distribuí-la conforme a evolução espiritual do ser. Durante uma relação sexual, livre de viciações e perversões, quanto maior a união, a entrega, a identificação espiritual e o amor entre os parceiros, mais esta energia fluirá no momento do orgasmo, podendo chegar ao chacra coronal, trazendo a sensação de plenitude, de comunhão total com o Universo. Tal sensação só pode ser atingida em um momento de entrega, quando cada um dissolve seu ego.

Chacra Esplênico

Situa-se na região do baço, acima e à esquerda do umbigo; é visto como um disco radiante de seis raios ou "pétalas". Sua função, relacionada com o baço e o pâncreas, em sua parte endócrina, é captar, especializar, subdividir e distribuir as energias cósmicas. Ou seja, ele é o centro distribuidor dessas energias para os outros chacras e para o corpo em geral. Controla as funções de desintoxicação do organismo. Plenamente desenvolvido, enriquece a personalidade, modificando-a.

Do centro do chacra esplênico, brota uma corrente rósea, que vitaliza o sistema nervoso e é encarregada de manter com vida o organismo físico. Ela espalha sua energia em todas as direções, formando a aura da saúde.

Chacra Umbilical

Este chacra vibra e gira como se estivesse dividido em dez pétalas. Está situado um pouco abaixo do umbigo, relacionado com o plexo solar e com as glândulas suprarrenais. É ligado intimamente aos sentimentos e emoções de diversos níveis, pois é por meio dele que o mundo astral revela seus fenômenos à consciência física. Ele é o centro de força de ligação entre a consciência física e astral, possibilitando aquilo que chamamos de intuição. Seu dom é o poder da razão e da lógica, da força de vontade. É o centro do ego, da individualidade, da consciência, da personalidade. Também controla a respiração e, quando desenvolvido, cria o desejo de realização espiritual.

Chacra Cardíaco

Localiza-se na região correspondente ao coração e, com seus 12 raios ou pétalas, assemelha-se a uma flor. Rege o sistema circulatório, sanguíneo e prânico. Relaciona-se à glândula do timo, também chamada glândula da inocência, pois desenvolve faculdades relacionadas com o plano astral, dos mais elevados sentimentos do espírito: o amor universal, a fraternidade, a simpatia pelas dores e alegrias alheias, o altruísmo, o sacrifício, a compaixão. É o centro intermediário entre os três chacras inferiores e os três superiores, e, portanto, a ponte entre o mundo dos fenômenos e o mundo espiritual. Ele une o que está em cima com o que está embaixo, o que está à direita com o que está à esquerda.

O chacra cardíaco conecta-se com os principais canais ou *nadis*. Esotericamente, liga-se ao "coração espiritual", um dos maiores segredos iniciáticos, de onde emanam as energias mais sutis e a força responsável pela sustentação da vida em todas as suas dimensões. Esse coração possui sete câmaras sutis, invisíveis para o homem comum, que são as sete câmaras secretas da glândula pineal, "que só entrarão em função completa quando o homem despertar o chacra cardíaco plenamente. É no coração de cada ser onde Deus pode ser encontrado... Por isso se diz que o amor é o caminho mais curto para Deus, e o amor é representado como um coração; pudera, é nele que Deus verdadeiramente habita em cada pessoa". (dr. Márcio Bontempo, *O Caduceu de Mercúrio*)

Chacra Laríngeo

Também chamado chacra da comunicação, tem 16 pétalas e situa-se na parte frontal do pescoço, sobre o pomo de Adão, relacionado à glândula tireoide. Ele é o centro das vibrações sonoras, do ritmo, do timbre, da melodia. O pleno desenvolvimento desse chacra permite o surgimento da clariaudiência, a força e elasticidade das cordas vocais e o timbre e harmonia da voz. Ele nos contempla com a maneira de expressarmos as nossas verdades e como comunicamos aquilo que sentimos.

Chacra Frontal

Tem noventa e seis pétalas, está situado entre os olhos, um pouco acima da linha das sobrancelhas. É ligado à glândula hipófise e à "terceira visão". A abertura de cada pétala permite ao indivíduo a percepção do mundo sutil, até chegar à visão espiritual, à clarividência. Liga-se à vida intelectual, à visão e à concentração e, em seu desenvolvimento total, dá a autoconsciência.

Chacra Coronal

Está situado na parte superior da cabeça, no topo, tem 960 pétalas e, quando em plena atividade, é o mais refulgente de todos os chacras, pois vibra com muita rapidez e emite indescritíveis efeitos cromáticos. Está ligado à glândula pineal e é chamado 'flor de mil pétalas', chacra da coroa ou "arco-íris", nos seres muito evoluídos espiritualmente. Por esse chacra passa a experiência cósmica da fusão do ser individual com Deus e o Universo. É por ele que se retorna à consciência divina original. Isso ocorre quando a *kundalini*, ascendendo por meio de *sushuma*, vai desabrochando os chacras, até chegar a ele.

Esses sete chacras descritos compõem, juntamente com outros secundários, os pontos de força luminosos do corpo sutil. Mas existem também os chacras *sombrios*, "cuja localização é um dos maiores segredos do ocultismo, por serem centros sobre os quais se age na prática da magia negra.

Os sete chacras principais conectam-se com todo o sistema energético, por meio das suas 'hastes', com os três *nadis* ou canais sutis, as 'veias' da vida, que existem ao longo da coluna vertebral, que representam no corpo físico-denso do homem, as bases físicas dos três estados de consciência." (dr. Márcio Bontempo, *O Caduceu de Mercúrio*).

Lembramos novamente que esses três canais principais estão sob a regência de Pai Oxumaré e que a energia, dinamizada e distribuída pelo fator desse divino pai do amor, pode chegar a unir-se ao Ser Divino, no topo do chacra coronal, dos seres mais evoluídos espiritualmente, formando o arco-íris.

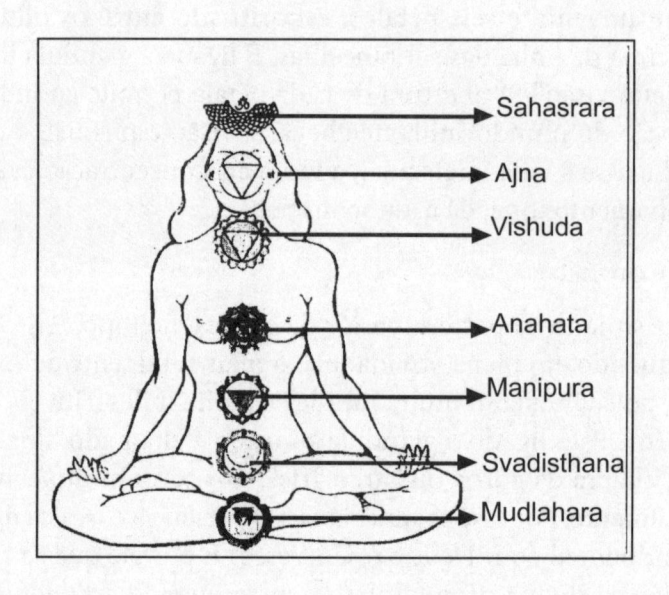

- Sahasrara
- Ajna
- Vishuda
- Anahata
- Manipura
- Svadisthana
- Mudlahara

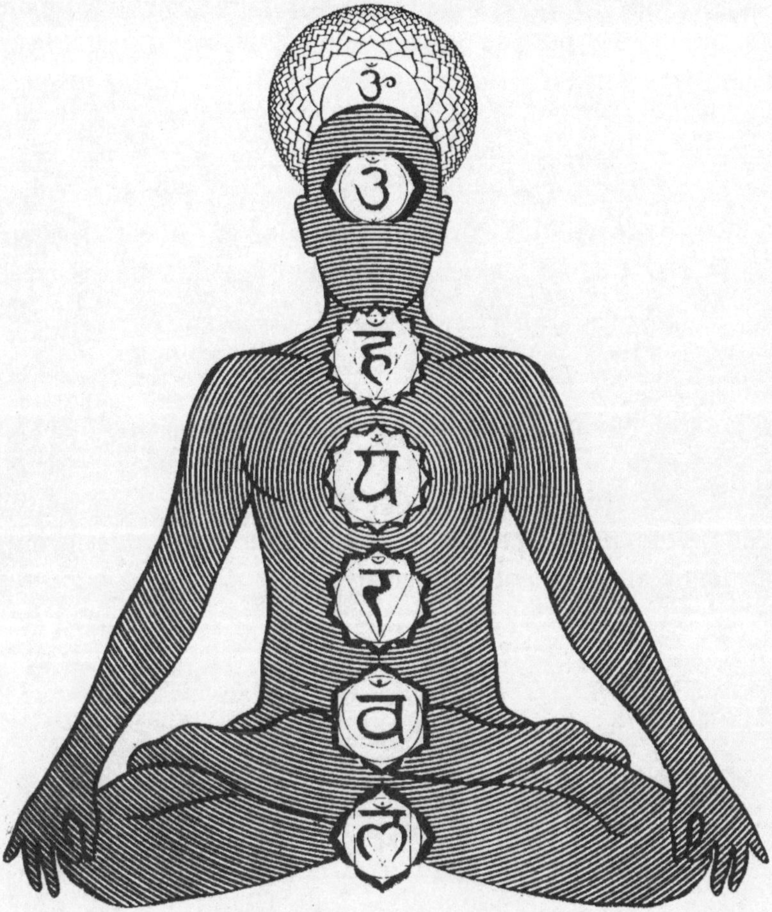
ॐ
ह
य
र
व
ल

Os Canais ou Nadis

Nadi é uma palavra sânscrita que significa canal, tubo, veia ou artéria. No corpo físico, os *nadis* tomam a forma de vasos sanguíneos, nervos e condutos linfáticos. No corpo sutil eles constituem um sistema complexo de cerca de 350 milhões de tubos astrais, por onde fluem as energias cósmicas, todos eles confluindo para os três *nadis* centrais mais importantes: *sushuma, ida e pingala*.

Todos os chacras comunicam-se por meio desses três canais centrais, regidos por Oxumaré, invisíveis aos olhos humanos comuns, situados no nível etérico, sobre a coluna vertebral. Eles são uma espécie de contraparte sutil do sistema nervoso físico. Por esses canais fluem as mais importantes energias cósmicas, correntes de vitalidades e da consciência, condensadas no corpo humano.

O canal central e principal, por ser o centro de equilíbrio entre os outros dois, denomina-se *sushuma* e vai do alto da cabeça até o cóccix, na base da coluna. Por *sushuma* ascende o "fogo serpentino" da *kundalini* e correm as energias mais sutis que se dirigem à câmara do coração, onde o ser pode despertar sua consciência divina; ele está relacionado com o sistema cérebro-espinhal. Ele é o eixo vertical do corpo sutil, enquanto que o eixo denso é a medula espinhal. Esse canal é o único que se conecta com todos os chacras e é ladeado por outros dois, que surgem no polo superior do canal central e terminam na sua base. Nascem juntos, também no crânio, em um ponto sagrado conhecido como *Triveni*, situado na medula.

O canal que nasce no alto da cabeça, no lado esquerdo, é lunar e chama-se *ida*. O canal que nasce no lado direito é solar, chama-se *pingala* e relaciona-se com o parassimpático. *Ida* é a corrente vital que se estende pelo lado esquerdo do corpo e vai para a narina esquerda. É *Yin*, negativo, feminino e relaciona-se com o simpático. *Pingala* é a corrente vital que se estende pelo lado direito do corpo e vai até a narina direita. É *Yang*, positivo e masculino. Esses canais laterais nascem próximo a *sushuma*, mas, desde acima das sobrancelhas afastam-se, enlaçando-se com o canal central em vários pontos importantes, parecendo duas serpentes entrelaçadas, sem nunca se tocarem. Apenas os videntes mais adiantados conseguem visualizar esses três canais.

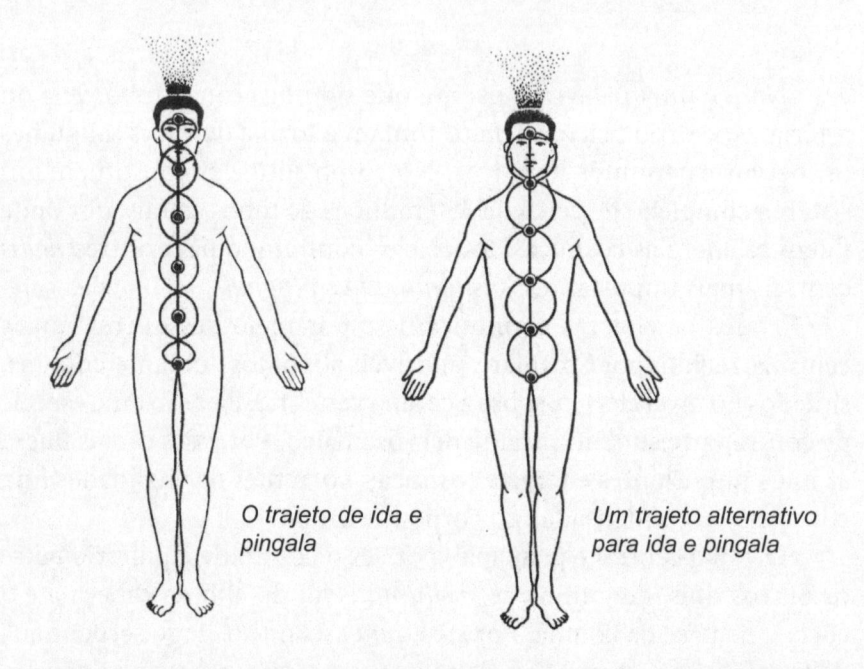

O trajeto de ida e pingala

Um trajeto alternativo para ida e pingala

É nesses três canais que se opera o misterioso processo da evolução individual humana, por onde passam as correntes da vida e da consciência. É "por onde o homem vive o seu inferno ou o seu paraíso, onde se fixam os bloqueios e os impedimentos do egoísmo, onde se dá o despertar da consciência espiritual, onde flui a energia que ativa os chacras, por onde corre a força principal da vida". (dr. Márcio Bontempo, *O Caduceu de Mercúrio*)

A *kundalini* pode ser concentrada e intensificada para a estimulação geral dos vários centros do corpo, mas também pode ser direcionada para a estimulação de cada um deles, visando a resultados específicos. Quando, por exemplo, é preciso influenciar pessoas em uma conferência, audiência ou congregação, melhores resultados podem ser obtidos pela estimulação contínua dos plexos solar, cardíaco e laríngeo e ao longo da linha entre o meio da cabeça e o centro das sobrancelhas.

Desequilíbrios e Bloqueios

Os seres humanos apresentam a polaridade magnética muito bem assentada, assim como o magnetismo planetário, com um polo positivo e outro negativo.

"Se o polo positivo de um ser humano se localizar no seu norte (cabeça), o seu polo negativo (sul) estará localizado em seu órgão reprodutor, ou órgãos sexuais. Se o polo norte é positivo, esse ser será um conservador e viverá uma luta contínua para impedir que o sexo 'suba-lhe' à cabeça, porque este será visto como uma necessidade biológica ligada apenas à procriação. Fora disso, o sexo somente trará incômodos.

Mas, se o polo sul for o positivo, o ser tenderá a uma espécie de liberalismo e lutará contra as restrições ao sexo, pois este ser encontra nele energias que o tornam criativo, imaginativo e inquiridor. O pensamento não é criativo. Ele é meditativo e racionalizante. Já o sexo é criativo, porque é gerador de poderosas energias, assim como de vidas. Então, o ser com o polo positivo no seu sul magnético será um ser que irá recorrer ao raciocínio e à imaginação. Assim, quando na natureza de um ser, o seu polo positivo se localizar no norte, sua vida pode ser classificada de passiva; se no sul, então ela será ativa." (Rubens Saraceni, *A Evolução dos Espíritos – A Tradição Comenta a Evolução*). Ainda que a entrada de energias se dê pelos chacras, as mesmas tendem a se acumular ao redor do polo positivo, quer ele se localize no norte ou no sul geográfico do ser.

Os desequilíbrios humanos expressam-se no corpo energético e são gerados a partir de bloqueios nesses dois polos magnéticos, o que impede que a energia *kundalini* e as energias básicas captadas pelos chacras, em outras dimensões, fluam normalmente, energizando e estimulando cada chacra e desbloqueando os canais. As emoções negativas provocam o embaraçamento dos canais, quanto às energias mais sutis, e o fluxo vital mantém-se mais grosseiro. Se o canal central (*sushuma*) estiver preenchido por energias demasiadamente polarizadas (alimentadas por *ida-pingala*), o mundo é visto de um modo obscuro, tedioso, triste ou desinteressante. Desequilíbrios emocionais, tais como mágoas, remorsos, angústias e aflições bloqueiam os pontos de captação das energias básicas e paralisam as glândulas que as geram no corpo carnal. Os bloqueios também podem ocorrer por atuação da Lei, que impede que os seres se desviem daquilo que é o seu destino, naquela encarnação.

Sem a devida energização e estimulação de todos os sentidos do ser, por causa dos bloqueios, surge uma infindável lista de viciações energéticas. A pessoa mostra-se insatisfeita e busca lenitivos para preencher o seu "vazio", pois seus desequilíbrios são psicológicos e, aí, "temos os estados do ser identificados como de morbidez ou histeria; apatia ou hiperatividade; assexualidade ou hipersexualidade; genialidade ou idiotice; religiosidade ou ateísmo; criatividade ou destrutividade, conformismo ou revolta; amabilidade ou impaciência; pacifismo ou belicosidade; humildade ou soberbia; bondade ou maldade. Os seres com desequilíbrios perdem toda a capacidade mental e só se guiam por suas necessidades emocionais ou instintivas, que neste caso são negativas e obsessivas.

"Por desequilibrados entendam-se os espíritos que se desvirtuaram ou se viciaram emocionalmente, anulando sua razão e capacidade de raciocínio a partir dos princípios divinos que nos regem. Assim, seres humanos vivendo no corpo carnal aparentam ser pessoas equilibradas e de um caráter a toda prova. Mas, na maioria dos casos, têm um bom caráter apenas na aparência, porque num exame interior revelam-se portadores de graves desequilíbrios emocionais, de distúrbios profundos em seus sentidos, e são alimentadores de vícios indescritíveis.

Para o ser humano comum, que vive no plano material, é muito difícil reconhecer os desequilíbrios que as aparências ocultam, e é muito fácil detectar aqueles que as aparências mostram." (Rubens Saraceni, *A Evolução dos Espíritos – A Tradição Comenta a Evolução*)

Para um indivíduo estar equilibrado é preciso que todos os seus chacras estejam abertos e que os canais centrais estejam desobstruídos.

"Não importa se a pessoa tem X ou Y chacras abertos e outros tantos fechados. O que importa é a corrente de energia vital ligando todos os chacras, por dentro da coluna vertebral. Aí, então, eles estarão harmonicamente abertos e equilibrados entre si.

Muitas pessoas apresentam um sexto chacra aberto, quase o fim da jornada. Porém, adianta muito pouco se tiverem, por exemplo, o primeiro chacra bloqueado. Toda a sua criatividade vai ralo abaixo pelo tanque da realidade. Não existe capacidade para manifestá-la de modo prático e concreto na vida.

Outros podem ter um quarto chacra bem aberto, o amor às suas mãos. Porém, até o amor escraviza se tiverem, por exemplo, um terceiro chacra bloqueado. A vontade pessoal submerge ante os apelos do sentimento, e a pessoa não consegue dizer não a ninguém, senão a si mesma." (Aiyan Zahck, *Como Utilizar os Cristais*)

Os desequilíbrios vão sendo esgotados, diluídos por Pai Oxumaré, para a renovação do ser, em estado de equilíbrio, estabilidade e harmonia.

Vícios

Vícios, paixões, desregramentos e desatinos humanos desenvolvem-se quando perdemos por completo o controle sobre nossos próprios atos, quando não conseguimos mais evitar certas ações e atitudes que julgávamos ter sob nosso controle. Eles passam a fazer morada em nosso corpo carnal quando o nosso padrão vibratório está tão baixo, que somos dominados por forças do plano astral inferior. Daí em diante não temos mais nenhum controle e não consideramos sequer os danos que estamos causando ao nosso corpo físico.

Quando um ser desperta as vibrações de um sentido viciado em seu emocional, coloca-se em desarmonia total, passando a acumular ainda mais energias negativas e vibrando-as até que se esgotem. Podemos incluir nessa categoria o alcoolismo, o tabagismo, o consumo de drogas, a alimentação carnívora, a prática de sexo desvirtuado, a maledicência, a avareza, a mentira e muitos outros vícios que atentam contra a delicadeza da vestimenta sutil que nos envolve. Dessa maneira, bloqueamos a movimentação das energias e destruimos nosso corpo físico, o mais importante empréstimo que nos foi concedido, para que, na matéria, possamos evoluir e alcançar outros planos espirituais.

Além de bloquear a movimentação da energia *kundalini*, os vícios atuam, também, como poderosos filtros que barram a entrada da energia divina, que não penetra em nosso ser imortal pelos chacras, mas sim pelo cordão mental que nos une ao mental divino. A energia divina é a fonte de tudo o que existe no Universo, pois é original, anterior a tudo.

"Essa mesma energia que alimenta nosso ser imortal pode deixar de ser sentida e absorvida quando caímos demais na escala vibratória. Quanto mais formos descendo nessa escala, menos energia iremos absorvendo e, dependendo do quanto descemos, nosso cordão mental poderá se atrofiar, até tornar-se quase invisível aos olhos dos seres mais elevados.

Quando o ser humano desce ao nível mais baixo da escala vibratória, o fio deixa de ser visível. Daí em diante, tudo lhe é possível acontecer: ele deixa de ter a forma plasmada (corpo espiritual) dos seres humanos, e começa a assumir as mais estranhas aparências. Uns assumem a forma de répteis, outros de insetos, outros de aracnídeos, etc.

É o tal 'inferno', onde as mais bestiais formas, desprovidas de qualquer matiz, habitam. Não se trata de seres de origem diferente da nossa. Não! Eles já vibraram mais sutilmente, mas por se entregarem aos princípios viciados por inteiro, atrofiaram o cordão que unia seus mentais ao mental divino, que é composto por essa energia divina que é Deus." (Rubens Saraceni, *O Livro das Energias*)

O hábito vicioso facilita a interferência de mentes desencarnadas também viciadas, que se ligam ao ser desequilibrado em um intercâmbio obsessivo. Então, atrás de um viciado forma-se uma corrente de desequilibradores, em dolorosas desarmonias.

"Sem a sutilização do magnetismo, das trevas não se sai, foge ou escapa. Para onde o ser dirigir-se, levará consigo o inferno que exteriorizou a partir daquele negativismo latente em seu íntimo."(...) Tanto céu quanto inferno nada mais são que estados conscienciais do espírito humano. E aquele que apreciava semear o terror, só deixará de apreciá-lo no semblante de seus semelhantes a partir do momento que forem submetidos à dor do terror, aí sentirão horror à dor. Na verdade, Deus, o generoso por excelência, não nega a ninguém aquilo que mais deseja e aprecia.

Aos que desejam e apreciam o amor, amor encontrarão.

Aos que desejam e apreciam a dor, dor encontrarão.

A cada um segundo seus desejos e suas afinidades magnéticas, diz a Lei Maior." (Rubens Saraceni, *A Evolução dos Espíritos – A Tradição Comenta a Evolução*).

Oxumaré, divindade cósmica, com seu magnetismo negativo, dual e bipolar é diluidor de todas as agregações não estáveis, dissolvendo compostos energéticos, alterando estruturas elementares, renovando sentimentos e atuando sobre os seres viciados.

Drogas

As drogas provocam o desequilíbrio cerebral e afetam, às vezes de modo quase irreversível, a consciência espiritual. Drogas e bebidas desalinham o corpo etérico. O fumo enrijece as "pétalas" dos chacras.

Segundo o doutor Márcio Bontempo, as drogas e os demais vícios acabam bloqueando cada vez mais os canais sutis. Drogas como a cocaína, a heroína, o álcool e outras, forçam uma concentração maior de *prana* no canal central (*sushuma*), anulando temporariamente a ação dos canais laterais (*ida e pingala*). O resultado é que os usuários têm sensações e percepções muito fortes, às vezes fantásticas, entrando realmente em conexão com os planos mais sutis. Mas, a cada "mergulho" nesses inusitados estados de consciência, a via condutora natural para esses mesmos estados distancia-se cada vez mais. Todos os narcóticos e estimulantes bloqueiam o sistema e interpõem um miasma insensibilizador entre o indivíduo e a consciência superior.

Sexualidade

A energia sexual, gerada no polo sul do ser, tem alto poder de criatividade e imaginação e, quando sublimada e conduzida às esferas mentais do pensamento, significa que ela foi conduzida à sede da mente e dotou o indivíduo de uma profunda capacidade de meditação.

Essa energia pode criar vidas, mas muitas vezes esse poder é posto em prática pelo homem comum apenas por impulsos cegos dos instintos – os mais baixos e vis possíveis – com desvios da sexualidade, taras, excentricidades, vícios, luxúria e estupros. Esse poder é utilizado sem a devida compreensão do seu amplo significado e sem estar motivado por sua qualidade nobre, pois o sexo está sendo simplesmente uma fonte de prazer mundano. A estimulação sexual exagerada pode esgotar a vitalidade do ser, pela obsessão sexual, e perturbar o equilíbrio do ritmo físico. Seres com desequilíbrios emocionais e mentais não percebem que o sexo está codificado na Lei Maior como fonte de vida, comunhão de corpos, harmonia emocional, reequilíbrio energético e sutilização do magnetismo mental dos seres envolvidos.

Já vimos que Pai Oxumaré atua no ser com magnetismo sexual negativado e sobrecarregado, sutilmente, pelo emocional, enviando estímulos cristalinos que diluem os acúmulos das pesadas energias minerais, que chegam a paralisar o ser, para reequilibrá-lo.

Na sexualidade encontramos, também, o aspecto mais negativo e mais inverídico que nos chega pelas lendas dos Orixás sobre nosso Pai Oxumaré: que ele é parte macho e parte fêmea, portanto, andrógino, sendo macho por seis meses e nos outros seis, fêmea. O que mais caracteriza Pai Oxumaré é sim sua dualidade, mas a dualidade na qual ele se mostra como a diluição de tudo o que está em desequilíbrio ou foi superado pelo tempo e pela evolução, e como o renovador de tudo. Já dissemos no início destes escritos que uma divindade é de natureza positiva ou negativa, ativa ou passiva, masculina ou feminina, mas nunca possui as duas em si mesma. Essa atuação alternada, essa dualidade diluidora-renovadora de uma divindade planetária, não pode ser confundida com androginia, com bissexualismo.

O bissexualismo acontece em seres com disfunções genéticas que provocam má-formação ou dupla formação dos órgãos sexuais, e com seres com desequilíbrios emocionais ou conscienciais. Nessa caracterização negativa de Pai Oxumaré, detecta-se uma tentativa de médiuns alegarem ser homossexuais porque são filhos desse Orixá.

Recebemos uma natureza masculina ou feminina do nosso Orixá Ancestral quando somos enviados ao plano fatoral, após sermos criados por Olorum. Feminilidade e masculinidade são características das almas acentuadamente passivas ou francamente ativas. A individualidade sexual intrínseca de cada um é guardada na alma do ser, pois a sede real do sexo está no espírito e não no corpo físico. Na maioria das vezes, um ser masculino terá encarnação masculina e um ser feminino terá encarnação feminina. Mas, um ser pode reencarnar em um corpo material em desacordo com sua natureza ancestral, para reequilíbrio, para aprender o que é do outro sexo ou em encarnações missionárias, programadas e previstas.

"Quando o homem tiraniza a mulher, furtando-lhe os direitos e cometendo abusos, em nome de sua pretensa superioridade, desorganiza-se ele próprio a tal ponto que, inconsciente e desequilibrado, é conduzido pelos agentes da Lei Divina a renascimento doloroso, em corpo feminino, para que, no extremo desconforto íntimo, aprenda a venerar na mulher sua irmã e companheira, filha e mãe, diante de Deus."(...) "A mulher criminosa que, depois de arrastar o homem à devassidão e à delinquência, cria para si mesma terrível alienação mental, para além do sepulcro, requisitando, quase sempre, a internação em corpo masculino, a fim de que, nas telas do infortúnio de sua emotividade, saiba edificar no seu ser o respeito que deve ao homem, perante o senhor." (Francisco Cândido Xavier – *Evolução em Dois Mundos*)

Em ocasiões de extrema importância, por solicitação, por renúncia construtiva, por expiação dolorosa ou por missão abnegada e em alto grau evolutivo, o espírito pode reencarnar em um corpo diferente de sua natureza, para agir com maior segurança na execução de suas tarefas junto à sociedade.

Seres desequilibrados, com mentes doentias, incrustados dentro de uma religião, solapam seus mais sólidos fundamentos, pois perdem sua capacidade mental e só se guiam por suas emoções e instintos negativos e obsessivos.

Os guias e os Orixás não são "bodes-expiatórios" para justificar o comportamento dos médiuns, pois um médium homem não se torna afeminado por ter um Orixá feminino de frente nem a médium mulher se torna masculinizada por ter de frente um Orixá masculino.

O Orixá masculino do Amor, Pai Oxumaré, tem como uma de suas principais atribuições justamente a de esgotar as sexualidades desequilibradas ou magneticamente paralisadas, para que os canais vitais sejam, pouco a pouco, desbloqueados e possam enviar para o mental a energia *kundalini*.

O entendimento da ação de Pai Oxumaré sobre os três canais vitais, que carreiam energias ligadas às forças cósmicas, e sobre a energização dos chacras e dos corpos, permite uma profunda reflexão acerca do significado do sexo, da vida, de nossa atuação nesta existência, da saúde e de nossa postura em relação a ela.

Oxumaré, a Saúde, o Caduceu e o Bastão de Esculápio

"Poupa a saúde, que ela é um tesouro precioso:
Ao teu corpo — alimento; à tua alma — repouso.
Usa moderação, porque ainda mais nocivo
do que a falta — resulta às vezes o excessivo.
Não te prejudique o luxo, e a avareza também,
pois só no meio termo é que consiste o bem."

Pitágoras — Versos Áureos

A saúde corporal somente é obtida mediante uma higiene natural, alimentação pura e moderada, pureza, equilíbrio e exercícios regulares. Já vimos que há estreita correspondência entre os corpos físico, emocional e mental. O progresso espiritual depende da saúde física e esta, por sua vez, depende do equilíbrio, também, dos outros corpos e do melhor suprimento de *prana*, funcionamento dos *nadis* e dos chacras.

Os principais fatores para o aparecimento das moléstias físicas são: o carma, os processos mentais, a hereditariedade e os maus hábitos alimentares. Para o senhor Buda, a doença é o resultado da insistência no erro e na busca dos objetivos ilusórios do ego inferior.

As doenças, em sua maioria, estão ligadas a causas emocionais, uma vez que o organismo físico reage constantemente aos sentimentos e às emoções. A saúde é comprometida por emoções mal canalizadas, cuja origem está na mente. Já vimos que o obscurecimento mental e as emoções negativas são a raiz psíquica das enfermidades; a mente cria a doença, por meio de hábitos e padrões negativos que produzem emoções aflitivas, negativas e conceitos perturbadores.

Quanto ao carma passado, todo ser tem seu magnetismo individual que o identifica e o distingue, pois todos os acontecimentos já vividos por ele estão impressos em seu campo magnético, sua memória imortal. Assim sendo, o magnetismo é a partícula fundamental a ser examinada em uma pessoa com desequilíbrio emocional, espiritual e mental. As ocorrências passadas marcam o corpo causal e as verdadeiras causas do desequilíbrio energético – as ligações magnéticas positivas ou negativas – devem ser buscadas nesse passado.

Doenças físicas não surgem apenas por infecções de microorganismos ou em função de desequilíbrios biológicos. Quando o indivíduo tem emoções e sentimentos negativos, a vibração de seu corpo etérico pode afetar órgãos, como o estômago, a vesícula biliar, os rins ou o coração.

Indivíduos impulsivos ou explosivos podem desenvolver a hipertensão. Sentimentos negativos de orgulho são descarregados diretamente no chacra coronal, provocando enxaquecas e dores de cabeça. O sentimento de ódio constante, cultivado nesta ou noutra existência, produz um acúmulo tal de energias negativas, que se concentram nos corpos extrafísicos do ser humano e desenvolvem tumores malignos, que se manifestam sob a forma de câncer.

Conflitos de carência são gerados por ressentimentos e podem desenvolver a artrite; a indecisão e os pensamentos deprimentes podem provocar hérnias de disco. Pessoas prisioneiras e dependentes, irritadas com o próximo, podem ter alergias de pele, e a inflamação da tireoide está diretamente ligada à raiva contida. A ansiedade geralmente é descarregada no estômago e no intestino, sob a forma de gastrite nervosa.

Doenças mentais não surgem somente em função de desequilíbrios hormonais ou degenerações genéticas. Os desequilíbrios que bloqueiam o ser humano são psicológicos, são viciações por princípios negativos. As doenças nervosas provêm de acontecimentos adormecidos que latejam no íntimo do ser ou acontecem devido aos sentimentos que o ser vibra.

Emoções e sentimentos negativos podem embaraçar os canais principais, os *nadis*, e provocar o bloqueio das energias mais sutis. Sem a devida energização e estimulação de todos os sentidos do ser, ocorrem as obliterações e uma infindável lista de viciações energéticas. Os desequilíbrios resultantes expressam-se no corpo energético e são gerados a partir do desequilíbrio entre os dois polos magnéticos, o que impede que a energia *kundalini* flua normalmente, energizando e estimulando cada chacra. As fontes mentais se fecham e o corpo energético começa a ser atrofiado ou a deformar-se.

Uma alimentação vegetariana, sadia e moderada – com abstenção do fumo, do álcool e de outras drogas – concorrerá para eliminar do corpo físico os maus efeitos cármicos e facilitará o desenvolvimento intelectual e o refinamento, tornando nossa natureza mais sensível às coisas belas vitais e espirituais.

A questão da alimentação sempre foi um alvo muito sério de estudos e cuidados nos círculos de conhecimento mais elevado. A energia de reposição, presente nos alimentos, é considerada mais importante do que as proteínas e vitaminas, por exemplo. Essa energia está presente apenas nos alimentos com sementes germináveis, nos produtos crus e em tudo o que apresenta "vida" disponível, como verduras, tubérculos, frutas frescas e outros alimentos "vitalizados", como os cereais integrais. Carne animal, açúcar branco, conservas, enlatados e produtos sintéticos são considerados alimentos "mortos" e seu consumo exclusivo ou habitual pode originar problemas, como o enfraquecimento do organismo, a perda da capacidade de transmutação bioenergética, a dependência de volumes maiores de vitaminas sintéticas e de suplementação alimentar.

Todas as enfermidades e negativismos do ser podem ser eliminados com o aperfeiçoamento dos canais centrais, seja pela meditação, pela *yôga*, pelo autoconhecimento ou por outras práticas que também permitem a purificação dos chacras, por meio da sublimação das energias sutis.

A medicina tibetana considera a doença como uma bênção, pois ela oferece uma oportunidade de descoberta do ponto onde o equilíbrio foi perdido. Um tratamento que se preocupe apenas em combater os sinais e sintomas está prejudicando o crescimento interior do doente e faz com que os agentes determinantes da doença permaneçam e frequentemente se apresentem sob a forma de outro problema. Um tratamento adequado deve atingir também os corpos sutis.

A felicidade interior pode ser despertada cada vez mais pelo trabalho de purificação dos canais principais, fazendo que o ser mude sua percepção e entendimento do mundo e aprimore o sentido da vida de modo positivo e sereno. Dessa forma, com o tempo, as obstruções dos canais vão sendo eliminadas, os chacras purificados e o corpo sutil revigorado, estabelecendo-se um caminho seguro para o despertar da sabedoria e para a iluminação.

As considerações anteriores nos permitem afirmar que Pai Oxumaré tem uma importante função no que diz respeito à nossa saúde física e mental e à eliminação das enfermidades, atuando no desbloqueio dos canais vitais e na distribuição equilibrada da energia *kundalini* para a dinamização e purificação de cada chacra. Ele atua em nosso emocional, para que possamos desbloquear as energias que estão impedindo nossa evolução, permitindo que renovemos nossos pensamentos, sentimentos, maneira de ver e sentir a vida. A ação de Pai Oxumaré é tão importante para a saúde que o símbolo da medicina é expresso por uma representação semelhante à onda sinuosa desse Orixá, sob a forma de serpente, no Bastão de Asclépio.

O Bastão de Esculápio

O símbolo da medicina é o bastão de Asclépio (mitologia grega) ou Esculápio (entre os romanos). Mitologicamente, esse semideus grego da medicina era capaz de restaurar a saúde dos enfermos e trazer os mortos de volta à vida, O Bastão de Esculápio é a combinação de dois elementos que, já na antiguidade eram usados juntos ou separados a separados e serpente e o báculo ou bastão.

O Caduceu

Originalmente, o caduceu era um símbolo cósmico, espiritual e fisiológico, surgido no Oriente, onde a representação de duas serpentes entrelaçadas era bastante comum. Esse símbolo foi encontrado entre os fenícios, cartagineses, hebreus, hititas, egípcios, gregos, tibetanos e outros povos. Indicava que seu portador era pessoa sagrada e era símbolo de paz e prosperidade, nos tempos clássicos. Entre os egípcios era atribuído a Hermes, o Trismegisto, e aparece na Tábua de Esmeralda. Posteriormente, recebeu outros

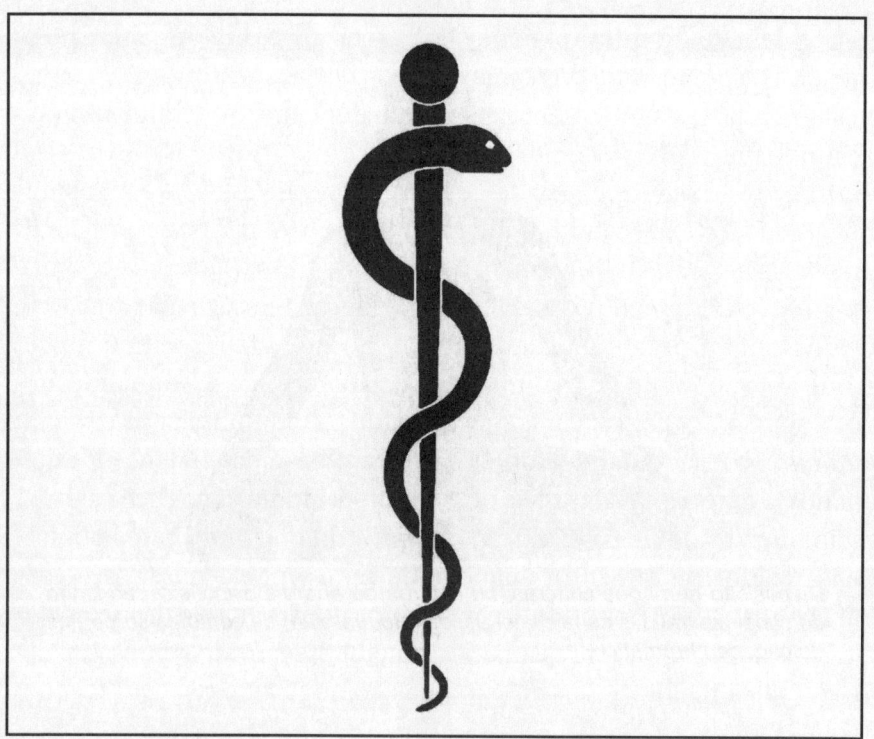

Bastão de Asclépio

significados, como o de mensageiro da paz entre os romanos. Foi usado por alquimistas, como Avicena e seres misteriosos, além de Apolônio de Tiana.

A serpente é o animal mitológico utilizado para simbolizar a Medicina, é respeitada como símbolo da sabedoria, tendo o poder de curar ou de matar, pois tanto pode funcionar como remédio quanto como veneno. Dos venenos, ossos, sucos gástricos e peles das cobras podem ser extraídos muitos medicamentos; elas, inclusive, são depositárias de poderosos antibióticos. Seu suco gástrico dilui ossos, cabelos e outros elementos e os transforma em alimentos, em energia.

No caduceu, as duas serpentes significam a polaridade cósmica que há em tudo.

Por todas as qualidades e fatores de Pai Oxumaré, já escritas anteriormente, podemos associar esse símbolo com o Orixá masculino do Trono do Amor e, também, com a ascensão da energia *kundalini*.

Disposição geral dos chacras, ou centros de energia psicofísica, ao longo do canal central. Os canais laterais, de fato, enrolam-se como as serpentes do caduceu hermético.

Na metafísica, o caduceu representa a queda da substância original na matéria terrestre grosseira. Fisiologicamente, simboliza o restabelecimento do equilíbrio, da unidade das correntes vitais com suas diversas funções no organismo humano. Para os grandes mestres ele significa a própria essência da vida, o instrumento capaz de tornar o homem semelhante à divindade e é a síntese dos "aspectos mais importantes do equilíbrio do homem, das forças cósmicas ligadas à saúde, à ascensão da consciência e à iluminação. Significa o processo, o sistema, ou o mecanismo-canal que permite a libertação e a consequente elevação da condição humana para a condição divinizada que identifica o ser com o Criador." (dr. Márcio Bontempo – *O Caduceu de Mercúrio*)

Para a Medicina esotérica dos povos antigos, da Índia, do Egito, da Grécia, da Mesopotâmia e outros, o caduceu é a representação dos três canais principais, etéricos, situados nos planos sutis individuais, na coluna vertebral, já tratados anteriormente – os *nadis sushuma, ida e pingala*. Como já vimos, por esses canais fluem as mais importantes energias cósmicas condensadas no corpo humano, captadas pelo corpo energético e pelos chacras. É por meio da progressiva purificação desses três canais que as energias cósmicas sutis abrem o acesso aos estados superiores da consciência.

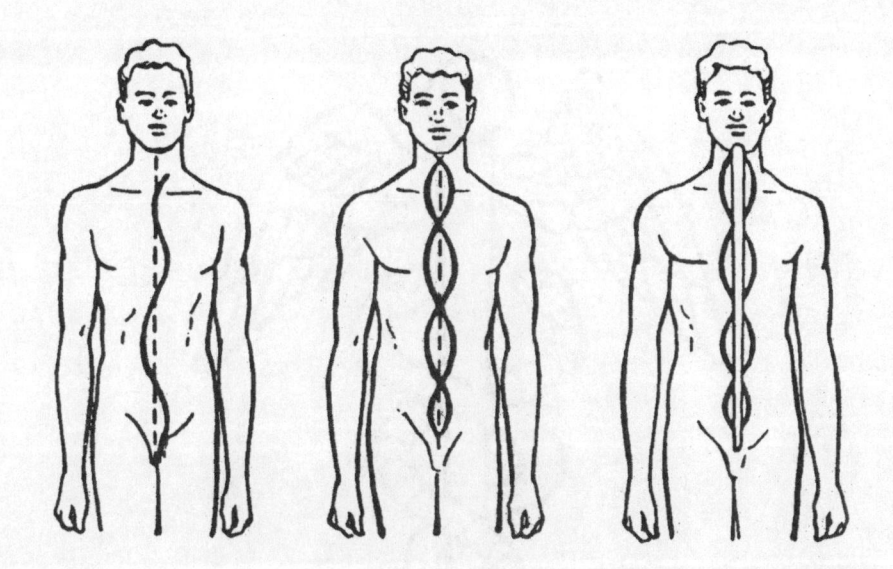

O Bastão do Poder ou Caduceu simboliza e expressa a movimentação da energia *kundalini* entre o polo positivo e o polo negativo. "Despertar a *kundalini* é atrair o fogo 'da Terra embaixo' e 'do Céu em cima', de modo que os corpos, incluindo o físico, tornem-se um bastão entre os dois grandes centros. ... A *kundalini* da Terra flui para cima, por meio dos pés e dos membros, mediante a energia criativa negativa, que é o centro da criação física, para dentro do globo na base da espinha, que representa e unifica o Sol e a Terra. A *kundalini* do Sol flui para baixo (...) Uma torrente de fogo flui para cima, outra torrente de fogo flui para baixo. Os fluxos se encontram na base da espinha, para se consolidarem, digamos, num jato de energia concentrada, rumo ao seu destino.(...) A Terra negativa e o Sol positivo se combinam e o poder espiritual é a fruição dos dois." (G. S. Arundale, *Kundalini, Uma Experiência Oculta*)

Os três *nadis* principais, com sua distribuição característica, são uma perfeita expressão do processo cósmico da bipolaridade complementar (*ida*, lunar, feminina; *pingala*, solar, masculino) que gera e mantém a vida, mas que só se realiza na síntese (*sushuma*, neutro e sem atributos).

São, também, a expressão das ondas magnéticas de Pai Oxumaré, ou do Trono Masculino do Amor, onde uma dilui, a outra renova e a onda reta, central, concebe. O Caduceu corresponde à onda composta de Pai Oxumaré, que dilui, renova e agrega.

O cetro com asas no topo é para alguns povos, assim como o dragão alado, na China, a representação do iniciado. Simboliza que *sushuma* é a via que permite o "voo" da consciência desperta e livre rumo à divinização. A alegoria do Caduceu é o símbolo do ensinamento magnífico de que a chave de acesso a Deus está dentro de cada um. Deus nos vê a partir de nosso interior e é a partir da transformação de nossos sentimentos íntimos que poderemos chegar à divindade.

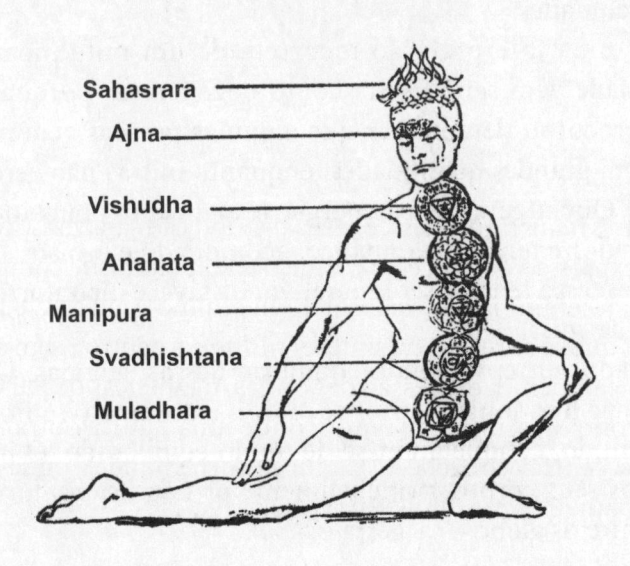

Esses três canais representam também o núcleo vital da saúde e da felicidade. Na medicina antiga, saúde e felicidade eram uma só coisa, daí o mistério e o significado do Caduceu: "a saúde só pode ser perfeita se as principais energias estiverem em equilíbrio, permitindo uma satisfação profunda e um sublime contentamento de viver, por meio da percepção pura da unidade da vida. A serpente é o animal mitológico utilizado tradicionalmente para simbolizar a medicina. Talvez essa tradição esteja fundamentada na ideia de que a serpente, assim como a do Jardim do Éden, 'conhece' mais coisas do que aquilo que trivialmente se sabe, uma vez que domina também o outro lado do bem, que é o mal. Devido a isso, é tida também como o símbolo da sabedoria. A serpente ofereceu a Eva o fruto da árvore do conhecimento, o que fez com que o 'casal original', antes puro por só conhecer o bem, passasse a conhecer a existência da dualidade". (dr. Márcio Bontempo, *O Caduceu de Mercúrio*)

Em *Gênese Divina de Umbanda Sagrada*, mestre Rubens Saraceni interpreta o mito de Adão e Eva, mostrando que todo ser humano gera uma energia cujo fator é o desejo, que o estimula em uma nova direção. Esse fator flui em uma onda sinuosa, é desagregador e lança o ser num torvelinho de paixões. O casal mítico não foi expulso do paraíso, mas deixou de viver em uma dimensão natural, onde a natureza (Deus) provia tudo e foi conduzido a um novo estágio evolutivo, onde a responsabilidade pelo próprio sustento era sua, obedecendo a uma vontade divina. "Em função da interpretação incorreta deste mito, sociedades estigmatizaram o sexo e desvirtuaram a formação de pessoas, pois todas as manifestações de desejo sexual têm sido lançadas na conta de tentação do demônio, quando o correto seria ensinarem às pessoas que esta energia pode ser canalizada e usada como sustentadora de vigorosas ações em outros campos da vida e, se sutilizada via *kundalini*, pode expandir o poder mental e abrir novas faculdades.

Por uma interpretação incorreta de um mito, boa parte da humanidade vem sendo vista como degenerada, porque nenhum estudo procurou demonstrar que algumas pessoas geram energias sexuais em grandes quantidades, enquanto outras não geram quase nada.(...) Quem gera pouca energia sexual capta pouco desse fator desagregador e tende a ser apático, acomodado e egoísta. Já quem a gera em excesso tende a ser hiperativo, instável e inconformado com o estado de coisas."

O caduceu representa o equilíbrio dessas energias. Um ser só sustenta sua harmonia interior se os dois extremos, o sétimo e o primeiro sentido, completarem-se de modo equilibrado. O indivíduo, e todos os seus corpos, principalmente os não físicos, torna-se um bastão entre os globos – a Terra e o Sol.

Do chacra básico até o coronal fluem e ascendem energias pelos canais, que vão irrigando os outros chacras e os órgãos dos outros sentidos, expandindo a capacidade mental, racional, consciencial e emocional do ser, proporcionando-lhe uma aceleração evolutiva. Já sabemos que são os fatores de Pai Oxumaré, diluindo e renovando, que atuam, permitindo uma evolução mais lenta ou mais acelerada do ser.

O Caduceu de Mercúrio

Mercúrio (Hermes para os gregos) era cultuado pelos romanos como deus propiciador da fortuna, como deus da eloquência, do comércio e mensageiro de Zeus. Inteligente e perspicaz, conforme a lenda, mercúrio criou a lira, utilizando casco de tartaruga. Deu o instrumento musical de presente para o Deus Apolo, que retribuiu presenteando-o com o caduceu, objeto que para os romanos significava equilíbrio moral e boa conduta, O caduceu, então passou a ser utilizado pelos comerciantes, que se identificaram com o deus Mercúrio, pois se encontravam constantemente no caminho, em viagem, oferecendo suas mercadorias de um lado a outro. Mais tarde, o caduceu passou a ser símbolo do Comércio e da Contabilidade e chamado e Caduceu e Mercúrio.

"Despertar" ou Desbloqueio da Energia Kundalini

> "A obra não se realiza com um fogo vulgar, nem com as mãos, mas sim com o simples calor interior, como com um calor envolvente de febre."
>
> *A Turba dos Filósofos*

A energia *kundalini* pode ser despertada através de sua elevação, no plano etérico, ao longo da coluna vertebral, ativando os chacras, purificando-os e ativando os dons correspondentes a cada um deles, até chegar ao chacra coronal, quando, então, o ser individual se funde com o Ser Supremo. Nesse processo, a pressão sobre o cérebro aumenta muito, por ser ele o elo entre o corpo físico e os corpos interiores. Para esse despertar, portanto, é fundamental ter muito cuidado e uma vigorosa saúde física.

O desenvolvimento da *kundalini* parece ocorrer através de dois sistemas gerais: um que caminha vagarosa e cuidadosamente, prolongando-se por todas as vidas, desenvolvendo as várias faculdades físicas passo a passo; o outro consiste em despertar a *kundalini* com um brusco movimento para cima. Este método comporta vários riscos, mas se o indivíduo estiver alerta, com perfeita saúde, autocontrole, raciocínio calmo e livre da escravidão ao sexo, não haverá perigo. O desenvolvimento da *kundalini*, por mais que alguém receba ajuda de outro, depende basicamente de cada um, de se estar pronto para o despertar.

Já vimos que "despertar a *kundalini* é atrair o fogo 'da Terra embaixo' e 'do Céu em cima', de forma que os corpos, incluindo o físico, tornem-se um Bastão entre os dois grandes centros". (G. S. Arundale, *Kundalini, Uma Experiência Oculta*). Uma torrente flui para baixo e outra para cima; os fluxos encontram-se na base da espinha, para se consolidarem num jato de energia concentrada, levando o indivíduo em direção à Luz. O fogo *kundalini* e o fogo caduceu formam um esplêndido arco-íris de cores, o arco-íris de Pai Oxumaré.

A energia *kundalini* pode ser percebida no ato sexual, no momento do orgasmo, quando o ser individual perde momentaneamente sua identidade, ao entrar em comunhão com seu par. Nesse curto instante, o ser pode reequilibrar-se emocional e espiritualmente, reencontrar-se com o Todo de onde se originou e vislumbrar muito além da dimensão material da existência. Esse fato faz que, para muitas religiões, o ato sexual seja considerado divino e sagrado.

Recorremos mais uma vez ao Hinduísmo, para ilustrar nossas impressões transcrevendo a linda história de amor entre as divindades *Shakti* e *Shiva*, em que a busca do ser amado se faz dentro do próprio ser e, a partir da união dos opostos, há o reencontro com a própria totalidade. Essa história está contada por Aiyan Zahck, no livro *Como Utilizar os Cristais*.

"Na tradição indiana, *Shakti* representa o princípio feminino, que está localizado na base da coluna vertebral, no primeiro chacra; e *Shiva*, o princípio masculino, localizado no alto da coluna vertebral, aproximadamente no sétimo chacra. *Shiva* e *Shakti* representam as extremidades do eixo vertical do ser humano (...) que, unidas, provocam a iluminação.(...)

Quando despertamos a nossa serpente, despertamos a própria energia feminina do espírito, física, vital, sexual, que é a base de toda criação no mundo material e, inclusive, da própria experiência espiritual. Esse despertar, como nos contos-de-fada, transforma essa terrível serpente em uma bela deusa, *Shakti Kundalini*, que ascende pela medula espinhal, despertando e desposando as divindades que existem em cada chacra. Esses deuses ativos significam o bom funcionamento dos chacras, desbloqueados, dinamizados e harmonizados pela própria energia *kundalini*.

A história conta o despertar de *Shakti kundalini*, a nossa experiência material, a sua ascensão e jornada pelos chacras, vivenciando-os e dinamizando-os até, finalmente encontrar e unir-se ao seu amado Senhor *Shiva*, a nossa consciência espiritual. Finalmente, ao atingir o sexto chacra, na altura da fronte, entre as sobrancelhas, *Shakti* encontra adormecido o seu eterno amado, o Senhor *Shiva*, a nossa consciência espiritual. Começa então a dançar para ele e o amor que sua dança emana vai, enfim, despertá-lo. Ele se une a ela nessa dança e os dois, dançando e se amando, fundem-se num só ser, (...) realizando, assim, o Casamento Místico, em que os opostos se unem para retornarem novamente à unidade, ou seja, divindade e humanidade, Corpo e Espírito dançando unidos num só ser.

E para encerrar a história, este ser *Shiva-Shakti*, transforma-se em pura luz e, como uma espiral de energia, atravessa o Portão de Brahma, o sétimo chacra no topo da cabeça, e desaparece no infinito, retornando à Luz Original.

O grande fundamento deste conto afirma que, apenas por meio da experiência chegaremos à nossa essência. Só por meio de *Shakti* é que realmente chegaremos à *Shiva*. A energia vital que corre por dentro da medula vertebral é a mola-mestra fundamental, tanto para o desbloqueio e equilíbrio de todos os chacras horizontais quanto para acender a chama de nossa coroa espiritual."

Esse tema, da busca de união entre nossa consciência cotidiana e a nossa consciência profunda, cósmica, é recorrente em diversas culturas, além do Hinduísmo. Por exemplo, no belo poema *Eros e Psiquê*, de Fernando Pessoa, poeta português, iniciado na Ordem dos Templários.

Eros e Psiquê

Fernando Pessoa

"... E assim vedes, meu irmão, que
as verdades que vos foram dadas
no Grau de Neófito, e aquelas que vos
foram dadas no Grau de Adepto Menor,
são, ainda que opostas, a mesma verdade."

Do Ritual do Grau de Mestre do Átrio

na Ordem Templária de Portugal

Conta a lenda que dormia
Uma princesa encantada
A quem só despertaria
Um infante que viria
De além do muro da estrada.

Ele tinha que, tentado,
Vencer o mal e o bem,
Antes que, já libertado,
Deixasse o caminho errado
Por o que à princesa vem.

A princesa adormecida,
Se espera, dormindo espera.
Sonha em morte a sua vida,
E orna-lhe a fronte esquecida,
Verde uma grinalda de hera.

Longe o infante, esforçado,
Sem saber que intuito tem,
Rompe o caminho fadado.
Ele dela é ignorado.
Ela pra ele é ninguém.

Mas, cada um cumpre o Destino –
Ela, dormindo encantada,
Ele buscando-a sem tino
Pelo processo divino
Que faz existir a estrada.

E, se bem que seja obscuro
Tudo pela estrada fora,
E falso, ele vem seguro,
E, vencendo estrada e muro,
Chega onde em sono ela mora.

E, ainda tonto do que houvera,
À cabeça, em maresia,
Ergue a mão, e encontra hera,
E vê que ele mesmo era
A Princesa que dormia.

O despertar da *Kundalini* e sua jornada pelos chacras, até chegar a seu destino, é um processo em que não se pode pular etapas, nem chacras. Começamos pela base, com o despertar da energia vital, experimentando o corpo e suas sensações. Galgando cada degrau da coluna vertebral, que é a escada da consciência, essa energia abrirá os caminhos para o equilíbrio entre o emocional e o racional, as portas do coração e da consciência, até, finalmente, unir-se à sua essência. A experiência de contato com a Consciência Cósmica ocorre no momento em que a energia jorra pelo chacra coronal, abrindo canais de comunicação com outros planos e dimensões.

"Às vezes, de maneira espontânea, ou mesmo por intermédio de um acidente, essa energia é despertada em seres mais evoluídos. Todavia, existem várias técnicas para a sua ativação, que vão desde posturas e exercícios respiratórios, ou uso de cristais, até a práticas de magia sexual, em que o orgasmo é retido e transformado em combustível energético para a iluminação espiritual." (Aiyan Zahck, *Como Utilizar os Cristais*).

As várias práticas para o desbloqueio da energia *kundalini* baseiam-se na manipulação das energias dos canais centrais. Citamos, como exemplos, a *yôga*, a acupuntura, a moxabustão, e a reflexologia, dentre outras.

– A *Hatha Yôga** é um método de medicina natural, pautado no reto pensar e no reto agir, fortalecendo a mente, o corpo e a união com Deus. É um método de rejuvenescimento e repouso, que proporciona saúde e resistência ao corpo. Os exercícios preparam o corpo físico, atuando energicamente sobre o sistema nervoso e o sistema endócrino, estimulando os tecidos e vitalizando as vísceras. Os benefícios no plano físico são o rejuvenescimento geral, emagrecimento sadio, embelezamento da figura, aprimoramento da voz, maior resistência à estafa e às moléstias, estado permanente de energia e leveza. No plano psíquico, os benefícios são a serenidade, autoconfiança, tranquilidade, clareza mental, equilíbrio emocional, resistência à fadiga, à tolerância e à paciência. O corpo é transformado em um instrumento adequado à sintonia com os planos mais sutis do Universo.

---

* N. E.: Sugerimos a leitura de *Yoga – Mente, Corpo, Emoção*; Sueley Firmino, Madras Editora.

– A *Yôga tântrica* propõe uma série de práticas especiais de domínio da respiração, cujo objetivo é manter a libido exacerbada, mediante o domínio do fluxo vital nos três canais ou *nadis* principais, no ponto de reunião abaixo do umbigo. O tântrico vê no corpo um templo vivo, divino; ele integra-se à matéria e atinge a compreensão de sua realidade essencial.

Par tântrico (Madras, séc. XVIII)

O ato sexual tântrico – *maithuna* – une o homem e a mulher, como dois princípios cósmicos e polares.*

Essa prática faz surgir o 'calor místico' que desobstrui os canais, para a passagem adequada do fluxo vital. Esse domínio e estabilização da força vital nos canais centrais também estabiliza a mente, mediante técnicas respiratórias. O resultado é muito hormônio sexual no corpo, mais vida, mais vitalidade, que se expressa como maior expectativa de vida e mais saúde. No momento em que esse *superávit* de energia ultrapassa as fronteiras do corpo, a pessoa entra no estado de graça do hiperorgasmo, que não é um momento fugaz, não é um espasmo

---

* Sugerimos a leitura de *Pompoarismo e Tantrismo – O Prazer da Arte Sexual*, Pier Campadello e Wagner Veneziani Costa, Madras Editora.

nervoso ou uma contração que oferece um prazer transitório. É um estado de prazer paranormal de hiperestesia (de hiperorgasmo). A energia fica dentro da pessoa e ela a explode por meio do orgasmo ou guarda-a e a transmuta, em um verdadeiro renascimento, criando um outro ser dentro de si.

A retenção e transmutação ajudam na purificação dos chacras e na evolução interior. A vida é sentida mais amplamente, com satisfação, alegria, entusiasmo e luminosidade, quando o canal central *sushuma* vai se tornando mais desimpedido. Quanto maior o desbloqueio dos canais centrais, maior é o êxtase.

"Os grandes iniciados dizem que esse êxtase seria comparável a um orgasmo constante, mil vezes mais intenso e ininterrupto, mas localizado no coração e não nos órgãos genitais. Há uma curiosidade em relação ao orgasmo sexual, que é o fato de se perder temporariamente a consciência, mesmo que seja num milionésimo de segundo; nesse momento, sem que se perceba, o indivíduo realiza uma breve viagem à sua consciência integral. Daí se afirmar que a sexualidade no ser humano tem uma função não apenas reprodutiva, mas também religiosa.(...) Nessas práticas não há ejaculação, e a contenção do orgasmo 'externo' permite o orgasmo 'interno', muito mais ampliado, como passo inicial para o despertar da energia de *kundalini*." (dr. Márcio Bontempo, O *Caduceu de Mercúrio*)

É necessária muita disciplina, muita prática, muito conhecimento e uma saúde perfeita. As técnicas corretas de retenção do orgasmo permitem uma acumulação de energia que vai sendo transmutada em algo prazeroso, que estimula a utilização do lado direito do cérebro, pouco usado adequadamente pela maioria das pessoas.

Todavia, essas práticas são bastante perigosas, não sendo recomendável que o indivíduo acelere essa evolução com a própria vontade, pois pode desequilibrar-se, com consequências desastrosas. Antes, é preciso conhecer muito bem essa energia e, sobretudo, inteirar-se de seus perigos, familiarizar-se com eles e estar sob orientação.

– A acupuntura* e a moxabustão tibetanas e chinesas utilizam o sistema de canais e caminhos sutis, que eles denominam de meridianos.

---

* Sugerimos a leitura de *Acupuntura – Tudo o Que Você Sempre Quis Saber*, dr. Gary F. Fleischman, Madras Editora.

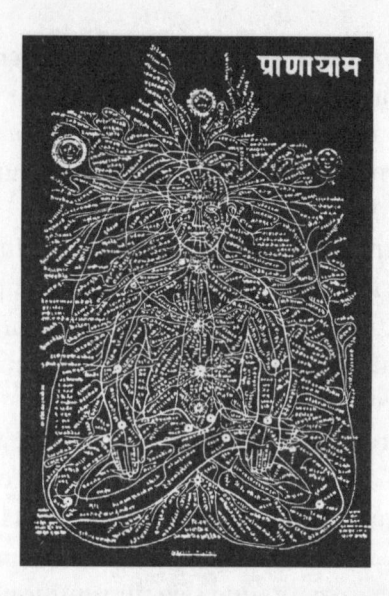

Esta ilustração mostra a representação histórica de um mapa de chacras e nádis do Tibete. Além dos sete chacras principais, reconhecemos uma grande quantidade de chacras secundários, bem como uma rede quase ilimitada de finos canais de energia, os nádis. Alguns dos textos legados mencionam 350 mil nádis, por meio dos quais fluem energias cósmicas. Esses se unem em 14 nádis principais, que, por sua vez, correspondem-se com os chacras.

Para eles, há doze meridianos principais, que são a base da circulação energética no organismo e contêm os pontos que devem estar desbloqueados, para modular a energia e promover a ligação com outros canais. O espaço mais importante é o canal central que, quando controlado e purificado, é chamado "canal da sabedoria", pois constitui o elo principal entre o mundo puramente físico e o mundo espiritual.

– A reflexologia* é a massagem de determinadas partes do corpo que são zonas de reflexo correspondentes a cada órgão. Dentre as mais conhecidas zonas de reflexo, estão os pés, as mãos, os olhos, as orelhas e o nariz.

---

* Sugerimos a leitura de *Reflexologia Energética – Massagem para os Pés*, Alberto Feliciano e Pier Campadello, Madras Editora.

A terapia das zonas de reflexo dos pés consiste em massagens especiais em determinados pontos de pressão. Porém, cada um dos sete chacras tem, também, sua zona de conexão, o que permite o tratamento terapêutico, com a harmonização reflexiva, de cada um dos chacras, por intermédio dos pés.

Para se estabelecer o equilíbrio entre os três canais centrais e obter saúde, não há obrigatoriedade de se trabalhar com a energia *kundalini*. Exercícios respiratórios e técnicas simples de verdadeira meditação bastam para propiciar a harmonia desses canais e aumentar progressivamente a depuração e a sutilização das energias no canal central e daí para a "câmara do coração".

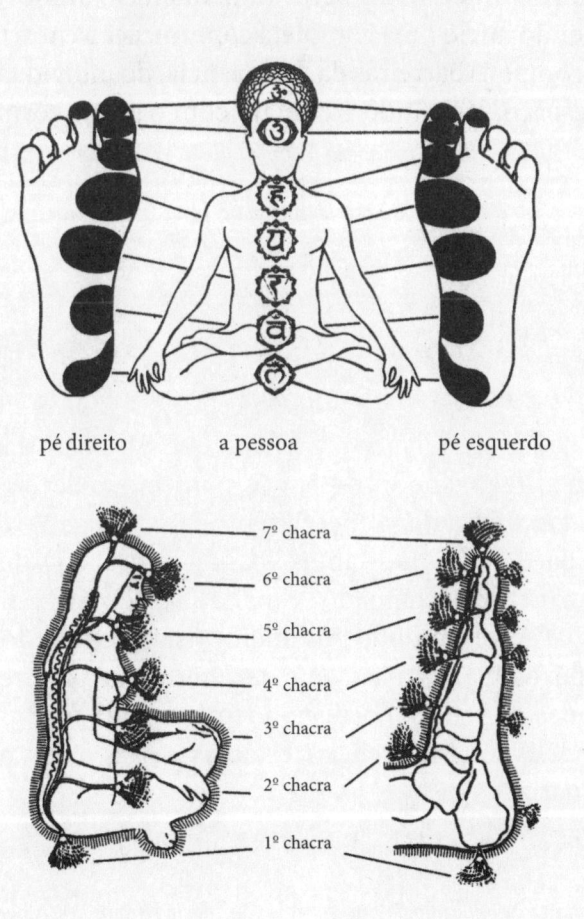

pé direito   a pessoa   pé esquerdo

7º chacra
6º chacra
5º chacra
4º chacra
3º chacra
2º chacra
1º chacra

Mas, o estado máximo de saúde ocorre quando se purificam os canais vitais centrais, com a concentração da consciência em *sushuma* e o equilíbrio de polaridades em *ida* e *pingala*, obtendo-se, portanto um caminho direto para a iluminação. Saúde, em seu estado máximo, e iluminação são uma só e mesma coisa.

Quando o canal *sushuma* torna-se menos bloqueado, as pessoas são felizes, contagiantes e não se abatem, pois a vida passa a ser sentida mais amplamente, com luminosidade, confiança, satisfação, esperança, entusiasmo, dinamismo e alegria. No caso de abertura maior, há o êxtase, o estado de graça, a plenitude da consciência, a bem-aventurança, a vida vista e sentida em sua realidade plena. Os corpos inferiores começam a refletir, aumentando o brilho dos corpos superiores, tendo início uma completa comunicação entre todos eles. A *kundalini* rompe as barreiras da consciência, do individualismo, do tempo e do espaço, efetuando o contato com o poder cósmico.

As Nossas Serpentes

> "Descobre a serpente da ilusão com a ajuda da serpente da sabedoria e, então, a serpente adormecida ascenderá alcançando o local do encontro."
>
> O Tibetano

Cada um dos nossos sete corpos tem uma espécie de mente repleta de memória e imagens, de atitudes e impressões de nascimentos anteriores e do passado em geral. A anatomia energética desses corpos é bastante complexa e sutil e regula a mente, as emoções, as faculdades psíquicas e espirituais. Cada corpo vibra em uma frequência ou padrão específico e a qualidade do todo dependerá do desempenho de cada uma de suas partes.

A transmutação e distribuição de energia de um nível para outro é realizada pelos chacras (polos eletromagnéticos) e, como já vimos anteriormente, a energia vital etérica flui pela rede de canais vibracionais, cujos principais são *ida*, *pingala* e *sushuma*, havendo um conjunto harmônico e dinâmico entre os corpos, os chacras e esses canais vitais.

A ação de Pai Oxumaré nesse processo é fundamental, pois seu magnetismo irradiador ativo desbloqueia e movimenta as energias que fluem pelos canais, renovando-as. Oxumaré rege a energia *kundalini* – ou fogo serpentino – que flui, mesmo que minimamente, em todo ser humano; rege a sutilização das energias sexuais, as serpentes e tudo que se movimenta de forma ondeante.

A *kundalini* é a serpente adormecida em nós, que pode ser despertada, pouco a pouco, com a ampliação do autoconhecimento e do autoequilíbrio, a vivenciação das virtudes, a ajuda aos semelhantes e o despertar dos dons, até acender a chama de nossa coroa espiritual, o nosso arco-íris.

Podemos dizer que nossas "serpentes etéricas" correspondem aos *nadis* principais, *ida*, *pingala* e *sushuma*. Os dois primeiros serpenteiam, entrelaçam-se e transmutam-se em *kundalini*, e *sushuma*, canal de contato da consciência divina com a consciência adormecida, abre caminho para o despertar, para o recordar ou lembrar, ainda em vida, da consciência integral e de quem realmente somos. O padrão formado por esses três canais, como já descrito e ilustrado, pode ser comparado a um par de serpentes entrelaçadas ao redor de um bastão e às ondas do Orixá Oxumaré.

De encarnação em encarnação, o ser vai evoluindo e se aprimorando em muitos sentidos. "Quando ele se aprimora nos sete sentidos fundamentais, então a Lei Maior começa a abrir os canais da memória imortal, onde estão acumuladas as lembranças de todas as encarnações e os aprimoramentos alcançados nos muitos sentidos." (Rubens Saraceni, *O Guardião do Fogo Divino*)

Henri Durville em *A Ciência Secreta* diz que "é sobre as escamas de seu dorso que o Dragão conserva o seu saber". Na China, a figura do dragão alado – corpo de serpente coberto de escamas e patas armadas de garras – é o símbolo do iniciado. As escamas do dorso do Dragão correspondem aos canais ou *nadis*, os quais são uma espécie de contraparte sutil do sistema nervoso físico. Mas, apesar da presença dos nervos no corpo físico, o responsável pela capacidade de sentir é o corpo astral. Por seu intermédio, o homem pode exprimir as sensações, as emoções, as paixões e os desejos.

Certa manhã, acordei com uma voz masculina, repetindo várias vezes, para mim, que Oxumaré rege os neurônios. Passei dias pesquisando, pensando e buscando as relações pertinentes e os resultados estão colocados a seguir.

O neurônio é a unidade anatômica e fisiológica do sistema nervoso e tem por função primária conduzir impulsos.

O corpo físico é um receptor de impressões vibratórias do mundo exterior, havendo uma correspondência de funcionamento entre ele e o corpo astral, "graças à veiculação dos impulsos por *fohat*, a energia cósmica consciente, modeladora dos mundos físicos, a partir do mundo mental". (dr. Márcio Bontempo, *O Caduceu de Mercúrio*). O corpo físico denso e sua contraparte etérica estão de tal maneira entrelaçados que são interdependentes.

Pai Oxumaré é o fator masculino na onda geradora mineral, na irradiação do amor, cuja essência "é energo-magnética e torna todos os seres irradiadores de energias. Identifica-se no ser humano como a linfa circulante e purificadora da corrente sanguínea". (Rubens Saraceni, *Doutrina e Teologia de Umbanda Sagrada*). Mas, vimos que Oxumaré é, também, uma divindade temporal, cósmica e ativa; portanto, sua energia é principalmente cristalina e essa essência tem por função "estruturar" todos os magnetismos.

Já dissemos que Pai Oxumaré atua sobre o emocional dos seres, com seu fator diluidor/renovador, e que sua energia é sinônimo de ação, movimento e instabilidade. As emoções são geradas na área sensorial do cérebro, que está ligado em sua base à medula espinal que, além de ser o centro das ações reflexas, é a principal via de comunicação entre o cérebro e o corpo. Juntos, encéfalo e medula, formam o sistema nervoso, que comanda, sente e atua sobre o corpo por meio dos nervos. O Sistema Nervoso, tem ininterruptamente a finalidade de perceber os estímulos, transmitir suas mensagens às diversas partes do corpo e oferecer as respostas, sob a forma de impulsos nervosos, de natureza elétrica. Ele é o meio de expressão e vida da sensibilidade, da razão e da vontade. Esse sistema comanda, sente e atua sobre o corpo, por intermédio dos nervos e sua unidade funcional é a célula nervosa ou neurônio.

Se o sistema nervoso controla o pensamento, as sensações e as atuações do ser humano e se as células nervosas são os neurônios, é possível concluir que Pai Oxumaré rege os neurônios para atuar no emocional dos seres. Ativando os neurônios, as energias bioelétricas que mantêm nosso Sistema Nervoso, dão-nos vitalidade e equilíbrio. Elas nos chegam de comandos superiores, dos fatores de Pai Oxumaré, através do mental, do *prana*, dos chacras e da energia *kundalini*.

Então, podemos dizer que no corpo físico, nossa serpente etérica, regida por Pai Oxumaré, expressa-se no Sistema Nervoso, que pode ser dividido, didaticamente, em Sistema Nervoso Central, Sistema Nervoso Autônomo e Sistema Nervoso Periférico. Essas são as nossas "serpentes físicas".

Sistema Nervoso Central

Pelo sistema nervoso central ou cérebro espinal entendemo-nos com nossos semelhantes e atuamos no ambiente. É ele que nos faz responsáveis por nossos atos. Esse sistema compõe-se pelo encéfalo e pela medula, encerrados, respectivamente, no crânio e no canal raquiano.

O encéfalo é a parte mais nobre do sistema nervoso e é composto pelo cérebro, cerebelo e tronco cerebral. A medula espinal é a contraparte física do canal sutil *sushuma*, por onde ascende a *kundalini*, arquivo de nossas experiências em outras encarnações, de nossa memória imortal.

A coluna vertebral, também chamada "tronco da árvore da vida", é a região central, o eixo do esqueleto, onde ocorrem as transformações mais importantes da vida humana. "A verticalidade do homem simboliza a vida ativa em busca da divindade celestial, enquanto que a horizontalidade do sono ou da morte simboliza a eternidade. Se unidas as duas posições, forma-se a cruz perfeita, que é o mais antigo símbolo da vida." (dr. Márcio Bontempo, *O Caduceu de Mercúrio*)

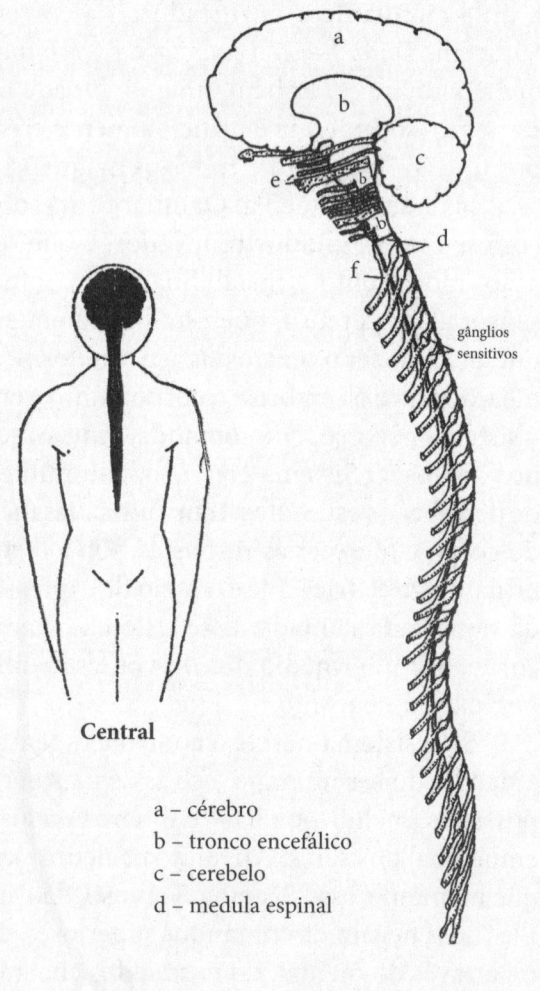

Central

a – cérebro
b – tronco encefálico
c – cerebelo
d – medula espinal

gânglios sensitivos

Neurônio

Os neurônios são providos de prolongamentos (dendritos e axônios). Cada um deles é uma unidade anatômica distinta, não tendo continuidade protoplasmática com outros neurônios, e é também distinto fisiologicamente. Essas células nervosas são capazes de gerar e conduzir energia eletroquímica (impulsos nervosos, associados com a eletricidade), pois, para grande parte dos cientistas, é a difusão de átomos eletricamente carregados (íons), por meio da membrana de tais células, que cria o impulso mediante o contato chamado sinapse. Uma célula nervosa consiste de um corpo celular e um ou mais prolongamentos (unipolares, bipolares e multipolares).

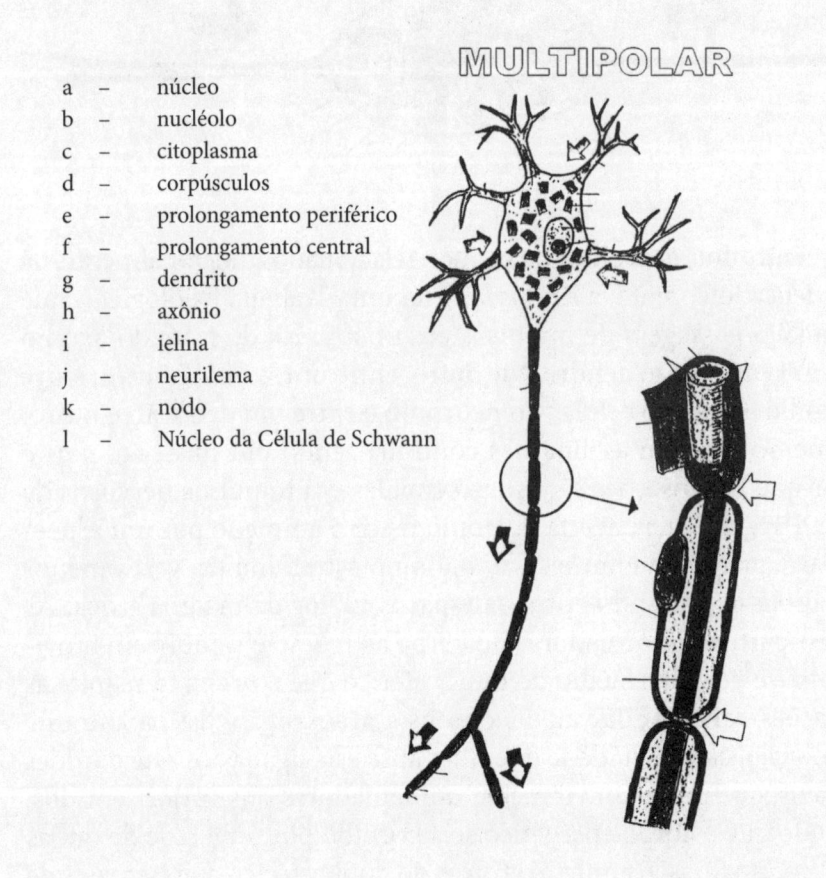

a – núcleo
b – nucléolo
c – citoplasma
d – corpúsculos
e – prolongamento periférico
f – prolongamento central
g – dendrito
h – axônio
i – ielina
j – neurilema
k – nodo
l – Núcleo da Célula de Schwann

UNIPOLAR

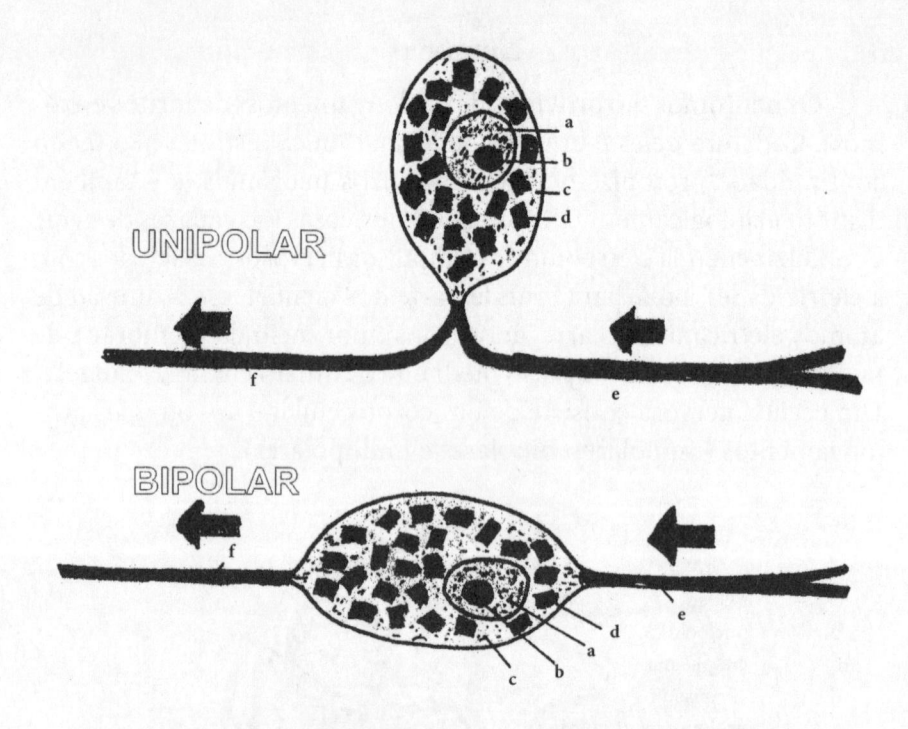

BIPOLAR

    Entre dois neurônios quaisquer, relacionados funcionalmente, há um delicado contato, a sinapse; é esta uma "válvula fisiológica", que permite a passagem de impulsos em uma única direção: do axônio de um neurônio ao dendrito de outro, entre um axônio e outro, entre o axônio e o corpo celular do neurônio e entre um dendrito e outro. O que ocorre com as sinapses continua sendo um mistério, pois é nelas que as sensações são transformadas em impulsos nervosos de ação. Para a ciência oculta, o átomo físico é animado por um aspecto particular da vida universal, o átomo astral, muitas vezes menor e mais sutil, infiltrado entre os espaços vazios da matéria física. As micro-partículas formadoras do corpo astral estão sempre em movimento e é por intermédio do duplo etérico que o *prana* transmite as vibrações externas e dá a atividade sensorial aos órgãos físicos. Durante a evolução, cada faculdade que o ser abre está ligada aos sete cordões etéricos, que projetam vibrações alimentadoras dos vários sentidos, fazendo que o corpo energético seja cruzado por uma rede de ondas vivas muito finas. É também através do duplo etérico que essa rede de ondas percorre os nervos, permitindo-lhes agir como transmissores dos impactos exteriores e das energias motoras interiores do corpo, onde todos os impulsos são de ordem elétrica.

Uma mensagem chega ao neurônio pelos dendritos e libera-se na forma de impulso elétrico. Como existe um vão entre os neurônios, ele precisa se transformar em energia química para mandar a mensagem para a frente. O funcionamento do sistema nervoso fundamenta-se nesses impulsos codificando alguma coisa. São ondas, cuja origem é discutida, pois alguns estudiosos atribuem papel importante ao sódio, na origem do potencial de ação, outros à acetilcolina.

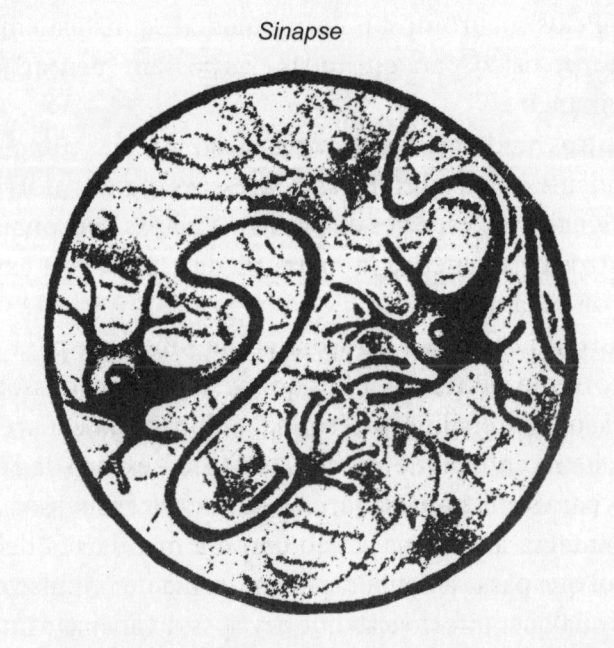

Sinapse

Um nervo compõe-se de uma ou de muitas fibras nervosas (axônios ou dendritos) envolvidas por tecido conjuntivo, juntamente com vasos sanguíneos para supri-las de nutrientes e de oxigênio. Um nervo grande contém muitas fibras, como um cabo elétrico. O impulso nervoso que percorre uma fibra compreende modificações químicas e elétricas. O impulso, uma vez estimulado, propaga-se com velocidade e intensidade constantes, acompanhado de uma onda de alteração elétrica.

A substância branca externa da medula espinal compõe-se de feixes de fibras mielínicas que fazem as conexões entre as diversas partes do encéfalo e os núcleos dos nervos espinais e os neurônios associativos (a maior parte). A substância cinzenta interna contém neurônios associativos e os núcleos dos neurônios motores; os núcleos dos neurônios sensitivos situam-se nos gânglios das raízes dorsais dos nervos espinais.

O cérebro é o principal canal de comunicação entre os corpos físico, astral e mental. É o grande elo com o mundo "exterior", é um local de fenômenos elétricos, chegando ao neurônio por meio dos dendritos. Pelos neurônios, o corpo mental se instala em todas as partes do corpo físico, para que todas elas possam "pensar" e "sentir" da mesma maneira.

Os centros fundamentais do cérebro são sistemas complexos e tão interdependentes, que, tal como as impressões digitais, dois encéfalos nunca são iguais. São espécies de placas ou mapas neuronais, ligados uns aos outros pela genética (a memória da espécie) e a experiência (o tesouro de cada um).

O neurônio carrega a informação de um lugar para outro na forma de corrente elétrica, por bilhões de neurotransmissores, cujos principais são a adrenalina, a serotina, a dopamina e a acetilcolina, embora existam centenas de outros. A sinapse – espaço de neurônio a neurônio – para ser ultrapassada, exige o neurotransmissor. A árvore dendrítica integra a informação ao corpo e manda sua deliberação pelo axônio, que passa a deliberação em forma de impulso elétrico.

Não é qualquer informação que deve passar, apenas a informação precisa. Há um elo entre determinadas funções do córtex e os fenômenos elétricos do cérebro que, para durar uma vida inteira, precisa se poupar. A principal regra da aprendizagem é o esquecimento, é o desprezo de coisas não importantes, pois se nós nos lembrássemos de todas as coisas, certamente enlouqueceríamos.

A energia elétrica se transforma em química e passa pelo neurotransmissor, que se libera e vai até o neurônio seguinte, se encaixa e manda a mensagem para a frente. Essa intermediação química entre os neurônios é o ponto frágil por onde agem os medicamentos, os fármacos e as drogas. Qualquer adulteração nesse processo de quantidades de energia elétrica em quantidades de substâncias químicas vai gerar problemas: quadros psiquiátricos, ansiedade, depressões, fobias, quadros esquizofrênicos ou aqueles gerados por drogas que entram no organismo e vão abrir portas indevidas. As drogas – cocaína, crack, heroína, maconha, álcool, fumo e outras – dirigem-se aos neuroreceptores e geram códigos desconhecidos ou informações sem fundamento. Por isso, induzem estados, emoções, percepções e imaginações falsos. Elas dão acesso a locais que deveriam permanecer fechados, à medida que não havia necessidade de atingir os neurônios que estavam protegendo aqueles lugares. Nas situações de desequilíbrios, os fatores de Pai Oxumaré passam a atuar, diluindo as condensações – até mesmo paralisando o ser – para que possa ocorrer a renovação.

Sistema Nervoso Autônomo, Neurovegetativo

As fibras nervosas do sistema autônomo espalham-se por todo o corpo, em fina rede, adensada em certos pontos, os gânglios e plexos. Esse sistema, intimamente ligado com o restante do sistema nervoso, é involuntário, foge ao nosso controle. É formado pelos órgãos centrais: tronco cerebral e diencéfalo (que também fazem parte do sistema nervoso cérebro-espinal) e pelos órgãos periféricos: o simpático ou ortossimpático, que se relaciona com a natureza física do ser (sem controle intencional do cérebro) e o parassimpático que se relaciona com a natureza anímica do ser.

O simpático e o parassimpático, no físico, assim como *ida* e *pingala*, respectivamente, no etérico, agem de modo antagônico e complementar: enquanto um dilata, o outro contrai, um expande e o outro concentra, e assim por diante. O parassimpático é calmante, refreante, tranquilizante; para isso, produz a acetilcolina – intermediário químico e sedativo de alta potência. O ortossimpático estimula, agindo com a noradrenalina – poderoso excitante.

SISTEMA NERVOSO AUTÔNOMO

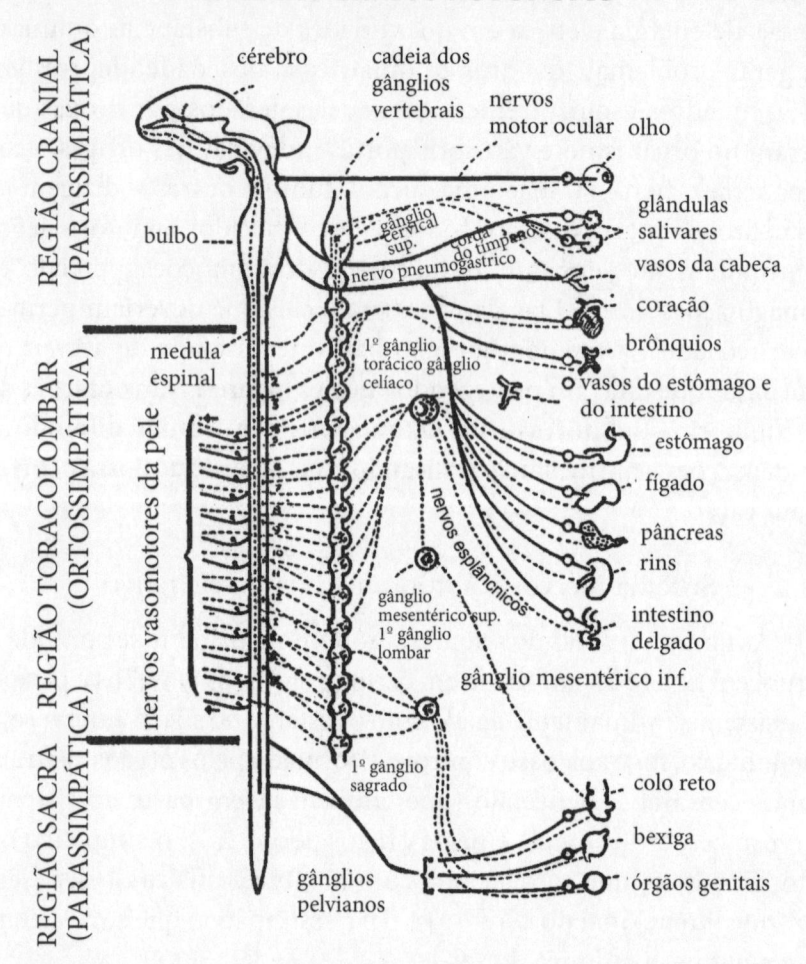

Disposição geral do sistema nervoso autônomo, (Adaptação de Pedro Deodato de Morais, Biosofia, *Edições Melhoramentos, São Paulo).*

Sistema Nervoso Periférico

Esse sistema é formado pelos nervos cranianos que se desprendem da base do cérebro e pelos que nascem na medula espinal e está situado em volta do sistema nervoso central. Ele inclui os nervos do tronco, suas terminações nos órgãos, as raízes espinais e doze pares de nervos cranianos. Está em conexão direta com o sistema nervoso central, ao qual leva as sensações, e do qual recebe as ordens que deve transmitir aos órgãos do corpo.

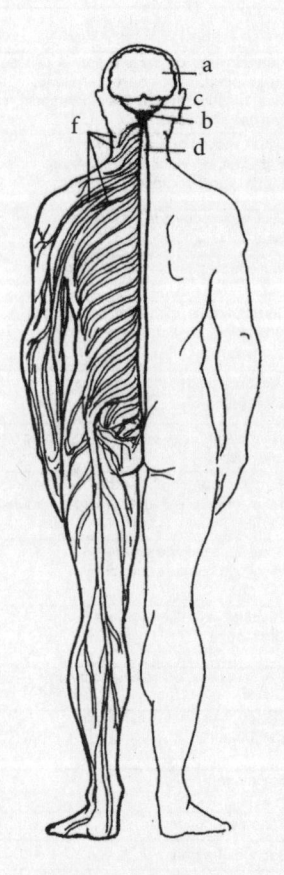

Sistema Nervoso Periférico

Efeitos do Desalinhamento Espinal

O sistema nervoso controla e coordena todos os órgãos e estruturas do corpo humano. A coluna vertebral tem diversas funções importantes no organismo físico e o desalinhamento de vértebras e discos espinais pode causar danos ao sistema nervoso e afetar as estruturas, órgãos e funções.

O quadro abaixo, publicado por Renato Guedes, em *Cinestesia do Saber*, mostra os efeitos do desalinhamento espinal.

VÉRTEBRAS	ÁREAS	EFEITOS
1 C	Fornecimento de sangue para a cabeça, glândulas pituitárias, couro cabeludo, ossos da face, cérebro, ouvido interno e médio, sistema nervoso simpático	Dores de cabeça, nervosismo, insônia, resfriados, hipertensão arterial, enxaquecas, esgotamento nervoso, amnésia, cansaço crônico, vertigens
2 C	Olhos, nervos ópticos, nervos auditiivos, sinus, ossos mastoides, língua, porção anterior da cabeça	Problemas sinusais, alergias, estrabismo, surdez, problemas visuais, dores de ouvido, desmaios periódicos, casos de cegueira.
3 C / 4 C	Bochechas, ouvidos externo, ossos da face, dentes, nervo trifacial	Nevralgia, neurites, acne ou espinhas, eczema.
5 C	Nariz, lábios, boca, tubo Eustachiano	Febre do feno, secreções, perda de audição, adenoides
6 C / 7 C	Cordas vocais, glândulas do pescoço, faringe	Laringite, rouquidão, condições relacionadas com a garganta, com dores ou amigdalite.
1 T / 2 T	Músculos do pescoço, ombros e tonsilas	Rigidez do pescoço, dor na porção superior do braço, amigdalites, coqueluche e crupe.
3 T	Glândula tireoide, bolsas da região do ombros, cotovelos	Bursites, resfriados, condições da tireoide.
4 T / 5 T	Porção do braço abaixo do cotovelo, incluindo mãos, punhos e dedos, esôfago, traqueia	Asma, resfriados, dificuldades respiratórias, respiração superficial, dores na região inferior dos braços e mãos.
6 T / 7 T / 8 T	Coração, incluindo válvulas e envoltório, artérias coronárias	Condições funcionais do coração, determinadas condições do tórax, dor na região superior das costas.
9 T / 10 T / 11 T	Pulmões, brônquios, pleura, tórax, peito	Bronquites, pleurites, pneumonia, congestão, gripe.
12 T / 1 L	Vesícula biliar, ducto biliar comum	Condições da vesícula, biliar, icterícia, herpes zoster.
2 L / 3 L	Fígado, plexo solar, circulação sanguínea	Condições do fígado, febre, hipertensão arterial, anemia, circulação deficiente, artrites.
4 L	Estômago	Problemas gástricos, incluindo nervos, indigestão, pirose, dispepsia.
5 L	Pâncreas, duodeno	Úlceras, gastrites.
	Baço, diafragma	Soluços, baixa resistência.
	Glândula adrenal e suprarenal	Alergias, urticárias.
	Rins	Problemas renais, rigidez das artérias, cansaço crônico, nefrites, pielites.

Rim, ureter	Problemas na pele como acne, espinhas, eczemas, furúnculos.
Intestino delgado, circulação linfática	Reumatismo, acúmulo de gases, certos casos de esterilidade.
Intestino grosso, anéis inguinais	Constipação, colites, disenteria, diarreia, alguns casos de ruptura ou hérnia.
Apêndice, abdome, região superior das pernas	Câimbras, dificuldades respiratória, acidose, veias varicosas.
Órgãos sexuais, útero, bexiga joelhos	Problemas vesicais e menstruais como dor ou período irregulares, corrimento, nictúria, impotência, muitas das dores no joelho.
Próstata, músculos da região lombar, nervo ciático	Ciática, lumbago, dificuldade, dor ou aumento da frequência urinária, dores nas costas.
Porção inferior das pernas, tornozelos, pés	Circulação deficiente nas pernas, inchaço dos tornozelos, fragilidade ou tornozelos arqueados, pernas frias, fragilidade das pernas, câimbras.
Ossos do quadril, nádegas	Condições do sacro ilíaco, curvaturas espinhais.
Reto, ânus	Hemorroidas, prurites, dores na região terminal da espinha quando sentado.

O DNA

Outra de nossas serpentes, descoberta na década de 1950, é a estrutura do DNA, uma espécie de código que determina o que uma célula possui e a sua capacidade de produzir uma cópia de si mesma.

As células assemelham-se a pequenos balões de água, compartimentados em núcleo, mitocôndrias, retículo endoplásmico e outros. O DNA está armazenado dentro do núcleo, sob a forma de 23 pares ou 46 cromossomas e tem a forma de uma dupla hélice. As células sintetizam simultaneamente milhares de moléculas diferentes.

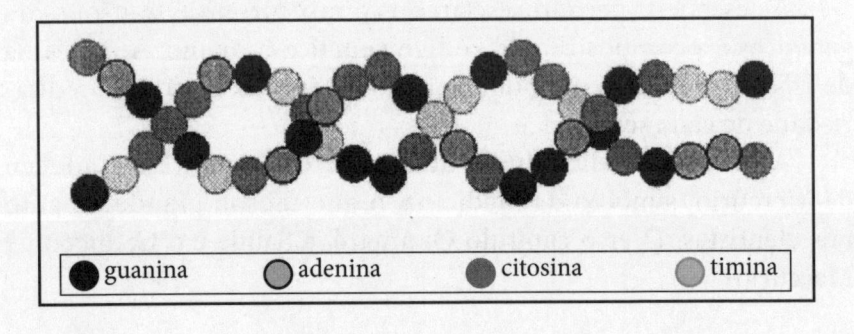

Essa hélice dupla é constituída por duas cadeias de DNA, dois colares de contas, chamadas bases, de quatro tipos: adenina (A), timina (T), guanina (G) e citosina (C). A, T, G e C são as letras do alfabeto genético.

Em 1951, os cientistas Watson e Francis Crick começaram a pesquisar a estrutura do DNA e, a partir de um raio-X, concluíram que era formada por duas "hélices", porém não tinham a explicação teórica e química para o encaixe dos componentes do DNA – a "coluna vertebral" e as quatro bases (A,T,C,G), em forma helicoidal. Com a ajuda do cristalógrafo Jerry Donahue, concluíram que um par A-T, mantido junto por duas ligações de hidrogênio, apresentava forma idêntica a um par G-C. Isso explicava por que os pares eram idênticos na forma e lhes permitiu iniciar a construção de um modelo de madeira e metal, no qual todas as moléculas de DNA consistem em duas faixas espiraladas, a hélice dupla.

Brasília, 25/4/2003 (Agência Brasil - ABr) - Uma estrutura de ferro e madeira, imitando uma hélice dupla, foi a forma que os biólogos James Watson e Francis Crick encontraram para demonstrar como é a forma da molécula de DNA.

A dupla hélice do DNA

A descoberta permitiu esclarecer como ocorrem as transmissões genéticas e a composição do código genético humano. A molécula de DNA (ácido desoxirribonucleico) contém o código da hereditariedade de cada ser.

A forma de hélice dupla dessa molécula lembra o Caduceu de Mercúrio, símbolo da medicina, o que causou grande espanto nos cientistas. (Ver o capítulo Oxumaré, a Saúde e o Caduceu de Mercúrio)

A dupla hélice lembra, na sua forma, duas serpentes enroladas (as serpentes gêmeas) ou as ondas serpentinas de Pai Oxumaré.

O DNA tem a forma serpentina, é duplo e ao mesmo tempo único. É a força vital que evolui do único para os diversos. É um texto duplo e enrolado em si mesmo.

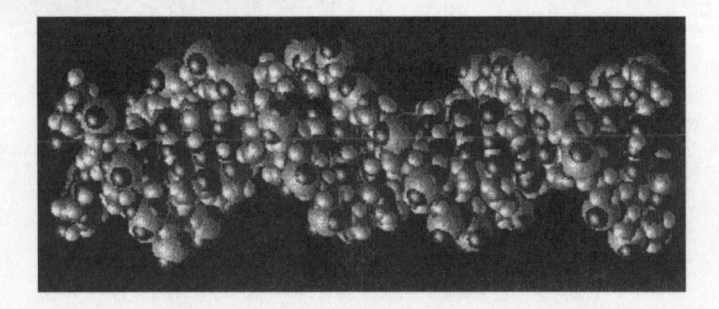

Cada ciclo de crescimento físico, de aprendizagem, de vida e de reencarne é uma renovação, e sabemos que Pai Oxumaré é um dos senhores dos ciclos e é a divindade da renovação, tanto no micro quanto no macrocosmo. A cada renovação, livramo-nos de nossas "cascas", tal como as serpentes trocam de pele todo ano.

Em nós humanos, "enquanto as vibrações desordenadas não forem descarregadas do nosso todo espiritual (aura), estaremos sucetíveis a explosões emocionais (cataclismos) tais como: choro, histeria, ódios, revoltas, etc., etc., etc.

No Universo tudo é igual em forma, meio e fim, assim como no seu princípio. As leis são as mesmas, tanto no macro quanto no micro

(...) não existe diferença entre o funcionamento de um átomo, de uma célula humana, de um ser humano, ou do Universo. Os processos são idênticos, pois tudo é energia. E nós não passamos de uma molécula energética viva, no vivíssimo Todo Divino, que é Deus." (Rubens Saraceni, *O Livro das Energias*)

Oxumaré e a Kundalini Planetária, Solar, Estelar, Galática e Universal

> "A Natureza conhece-me, e eu conheço-a, e conheço a luz que há nela, contemplei-a, provei-a no microcosmo e encontrei-a no macrocosmo."
>
> *Paracelso*

Em um dos breves lampejos ou momentos de intuição vivenciados no decorrer deste trabalho, vislumbrei eixos de *kundalini* passando por dentro e saindo das pessoas, da Terra, dos demais planetas, do sistema solar e da galáxia e adentrando pelo cosmo infinito, todos interligados. O mesmo processo de *kundalini* que há no microcosmo humano me estava sendo mostrado no macrocosmo. Parecia uma tempestade universal, no negativo de um filme.

Fiquei me questionando sobre essa possibilidade. Dentre as diversas leituras que fiz, encontrei o mesmo questionamento em G. S. Arundale, *Kundalini, Uma Experiência Cósmica*: "Há uma corrente *kundalini* ligando os elementos componentes do nosso próprio sistema solar e outra corrente ligando os vários sistemas solares? Naturalmente que sim, e a hipótese não é menos interessante em relação à natureza dos centros de um sistema solar e a vivificação destes pela *Kundalini* Cósmica. A Terra possui os seus centros – rodas giratórias de intensa energia – e pode ser que uma das funções de alguns dos Deuses da Evolução seja a de regular a distribuição e a intensidade da *kundalini*". Se a hipótese estiver correta, com certeza a divindade encarregada de tais funções é nosso Pai Oxumaré. Mas, aprofundemos um pouco mais essas ideias.

Sabemos que a Presença Divina, com Sua vontade superior, atua em cada parte do universo visível e invisível, com um fluxo ordenado e contínuo de energias e essências, que abarcam todos os estágios de evolução e todos os níveis de consciência. Uma onda fatoral divina, por exemplo, rege e influi sobre todas as coisas originadas em sua qualidade, alcança tudo e todos em todos os quadrantes do Universo e está presente na vida de todos os seres.

O todo planetário onde vivemos e evoluímos é regulado pelas emanações do Divino Criador, por intermédio de Seu Setenário Sagrado, os Orixás, que regem sobre a natureza de tudo o que existe. Olorum está em tudo no Universo, da menor à maior partícula que pode existir; ou no próprio Universo. "O Universo é seu corpo e nós somos células desse organismo perfeito." (Rubens Saraceni, *Umbanda Sagrada*)

Já vimos, em capítulo anterior, que o nosso corpo energético alimenta-se de energias de vários padrões e "naturezas" e absorve o padrão que o ser mais necessita, através dos chacras ou pontos de força. Sabemos também que os fenômenos que acontecem no microcosmo acontecem no macrocosmo e tudo o que acontece na criação acontece nas criaturas e nos seres.

Fritjof Capra escreve, no livro *O Tao da Física*, que as principais escolas do misticismo oriental concebem o Universo "como um todo interconectado no qual parte alguma é mais fundamental que qualquer outra, de tal forma que as propriedades de qualquer uma das partes são determinadas pelas propriedades de todas as outras".

Há tantos planos, faixas, reinos e dimensões, que devemos ter consciência de que o homem e o planeta Terra não são o centro do Universo. A Terra e o Universo não existem só para influenciar e beneficiar o ser humano. A astrofísica Sylvie Vauclair, do Observatório de Midi-Pyrenées e da Universidade Paul Sabatier de Toulouse, na França, diz que devemos considerar que o Sol está na periferia da Via Láctea e que "temos de nos dar conta de que não ocupamos uma posição especial no Universo. Vivemos em um lugar qualquer no espaço. Nosso planeta gravita em torno de uma estrela banal, entre os duzentos bilhões de estrelas de uma galáxia comum, perdida em um Universo imenso, talvez mesmo infinito (...)".

"Sabemos hoje que a Terra é um planeta que gravita em volta de uma estrela e que há outras estrelas com outros planetas à sua volta. Sabemos que a Terra pertence ao céu, que Terra e céu não são diferentes. É a reunificação... O Universo evolui para uma complexidade cada vez maior. Existimos em um dado momento do Universo. Não temos um lugar especial no espaço, mas vivemos um momento especial no tempo, no qual os elementos químicos existem em quantidade suficiente para que tanto os homens quanto a matéria à sua volta possam existir na Terra." (*Revista Planeta*, Ano 31 – nº 5 – maio, 2003).

Na Terra, tal qual os chacras do corpo físico, há vórtices gigantescos, pontos de força ou enormes chacras planetários, conectados com a faixa celestial, que trazem as energias originadas de outras dimensões ou reinos energéticos, às esferas cósmicas, universais, e ao meio material. Por meio desses pontos de força as outras dimensões "enviam-nos suas energias de padrões vibratórios subatômicos, padrões esses muito mais sutis que as energias dos átomos, os elementos fundamentais da matéria.

"Esses pontos de forças contam-se aos milhares e estão espalhados tanto no plano material, quanto nas esferas cósmicas, quanto nas universais, ou nas negativas (escuras), positivas (luminosas), assim como na neutra (matéria).

No livro *A Evolução dos Espíritos – A Tradição Comenta a Evolução*, o autor conclui "que a faixa celestial é o campo mental do todo planetário; o planeta é o corpo energético; as esferas negativas são o campo emocional; as esferas positivas são o campo racional e as dimensões elementares puras (água, terra, fogo e ar) são as energias que circulam 'dentro' do todo planetário, sustentando a vida nos mais diversos planos onde ela se faz presente".

Há uma interligação energética entre todas as dimensões, de tal forma perfeita que, se acontece uma insuficiência de energia em uma, todas as outras fornecem energias aos vórtices gigantes que as acumulam, adequam-nas ao padrão da dimensão em desequilíbrio e o reequilibram energeticamente. No caso de um excesso, os vórtices retiram-no e vão distribuindo-o às dimensões necessitadas. Pelos vórtices, "funciona um tipo de respiração planetária, que absorve um colossal 'caldo' energético que é distribuído, segundo as necessidades de cada uma, a todas as dimensões da vida. Após o 'suprimento', elas expelem para o exterior todas as energias não utilizadas ou nocivas aos múltiplos tipos de vida existentes nas múltiplas dimensões habitadas por milhões de espécies... As esferas extra-humanas são os pulmões do todo planetário".

Pai Oxumaré, por meio de seus fatores, é o movimento, é o princípio universal da vida renovada, o poder divino latente em todas as partes da natureza viva. Então, sua onda fatoral atua em todos os quadrantes do Universo e da vida dos seres. Diluindo e renovando, Oxumaré é, também, um dos senhores dos ciclos, tanto no micro quanto no macrocosmo. Podemos observá-lo na regência do cordão umbilical, na dinâmica da energia *kundalini* nos *nadis*, e, talvez, no cordão mental – que é o "cordão umbilical" sutil, que nos liga, como seres espirituais, ao nosso ancestre.

Pai Oxumaré também se faz presente nos ciclos dos corpos celestes do Universo, onde os astros executam seus movimentos metódica e harmoniosamente. Cada ciclo é uma renovação. No ciclo da vida e morte, ele está presente e seu símbolo mais forte é a serpente mordendo a própria cauda, representando a vida, a morte e o renascimento. A representação da serpente em torno da Terra pode significar também a sustentação do movimento de rotação e o trânsito dos astros no espaço, renovados a cada ciclo.

Apenas para ampliar os exemplos, ondeando em torno do eixo magnético solar está o Trono das Sete Encruzilhadas, e mais alguns outros semelhantes a ele; para mestre Rubens Saraceni, os "tronos solares formam as constelações que são regidas pelos 'tronos estelares', que formam uma hierarquia que gira em torno dos tronos galácticos, que giram em torno dos tronos universais que formam o primeiro nível de Deus e são, cada um em si mesmo, um dos graus magnéticos da escala divina". (Rubens Saraceni, *Gênese Divina de Umbanda Sagrada*). Tudo, portanto, tem sua escala, desde as partículas mínimas, até o ser universal e, apenas a consciência do significado dessa constatação já seria suficiente para confrontarmo-nos com o pequeno tamanho e importância que temos em um Universo tão imenso, embora sejamos importantes para o Criador. Apenas esse conhecimento já deveria nos fazer mais humildes e compassivos, principalmente diante dos nossos semelhantes, do nosso planeta e das coisas divinas.

Mas, voltando às relações entre o micro e o macrocosmo, já escrevemos que Oxumaré rege a energia vital que liga e anima todos os chacras, por dentro da coluna vertebral e que, assim como nós, seres humanos, temos os chacras, a Terra e os demais corpos do Universo também possuem os seus centros ou rodas giratórias, que são vórtices de intensa energia, também interligados. Por analogia entre o micro e o macro, podemos concluir que há uma corrente *kundalini* ligando todos esses vórtices aos elementos componentes do nosso sistema solar, aos vários sistemas solares, às galáxias e ao Universo, tudo vivificado pelas *kundalinis* cósmica e universal. Se, de um lado, *a kundalini* apresenta um caráter local, de outro, ela é universal, onipresente e regida por Pai Oxumaré, em todos os níveis.

A energia *kundalini*, como e onde quer que apareça, é poderosa e impetuosa. Às vezes, apenas em potencial, outras vezes, em movimento, excitando e animando tudo, e outras vezes até mesmo diluindo tudo o que lhe aparece pela frente. Oxumaré faz parte das metamorfoses incessantes das forças divinas que diariamente garantem a boa marcha de tudo o que há no cosmo.

Çiva sous la Forme de Nâtarâja. — Cl. A. S. I.

Tracemos um paralelo com o Hinduísmo. Nessa filosofia religiosa, as divindades são consideradas, em substância, idênticas, pois expressam a mesma realidade divina, em diferentes aspectos do infinito e onipresente Criador. *Shiva* é um dos mais antigos deuses indianos e pode assumir muitas formas. Para os hindus, o ritmo interminável do Universo é sustentado pela "dança de *Shiva*", o dançarino cósmico. *Shiva* é então personificado na forma de *Nataraja*, o rei dos dançarinos, deus da criação e da destruição.

Na Índia, a dança é considerada expressão da mais alta religiosidade e é vista como manifestação física do ritmo cósmico. Shiva Nataraja, o rei da dança, é o deus do ritmo e sua dança personifica o eterno movimento do Universo. Simboliza também a destruição do mundo da ilusão. Ele é o dançarino adornado com najas, que, ao final de cada era, procede à aniquilação do mundo, para um recomeço; ele é aquele que promete o bem. É a fonte primordial de todas as coisas do cosmo, tanto as más como as boas, as visíveis e as invisíveis. "Aquele que vê essa dança mística livra-se da corrente de renascimentos e sua alma emerge no oceano da bem-aventurança (Ananda)." (Ingrid Ramm-Bonwitt, *Mudras – As Mãos Como Símbolos do Cosmos*)

Na forma de *Nataraja*, percebemos que *Shiva* apresenta características de Pai Oxumaré, a divindade diluidora e renovadora. Há esculturas antigas que mostram *Nataraja* com uma serpente enrolada na cintura e outra no pescoço, como se fosse um colar.

Para Pierre Verger, Oxumaré "é o símbolo da continuidade e da permanência e algumas vezes é representado por uma serpente que se enrosca e morde a própria cauda. Enrola-se em volta da Terra, para impedi-la de se desagregar. Se perdesse as forças isso seria o fim do mundo".

"Do ponto de vista astronômico, a cabeça e a cauda representam os pontos da eclíptica em que os planetas e até o Sol e a Lua se unem." (dr. Márcio Bontempo, *O Caduceu de Mercúrio*)

Interpretando a simbologia, podemos inferir que as ondas fatorais de Pai Oxumaré regulam a distribuição, a intensidade, a destruição e a renovação dessa energia *Kundalini*, no micro e no macrocosmo. Oxumaré é, então, o senhor da harmonia cósmica; é a mobilidade e a atividade, é o dirigente das forças que produzem o movimento. Os vórtices ou pontos de forças estão localizados na faixa celestial e a partir dela interagem em todos os níveis, interligados às respectivas *kundalinis*. Oxumaré é a energia ativa que liga os vórtices do todo celestial aos reinos estelares, solares e planetários.

Os tibetanos usam a palavra *fohat* para representar essa força ativa masculina, a luz primordial do Universo, de incessante poder destruídor e formador. É a força vital impulsora da vida, que se diferencia em *kundalini*, cristalizada no mundo dos fenômenos; é a projeção do raio original do Logos Criador, quando assume uma qualidade polarizada. *Fohat* é a potência diretora de toda manifestação; "é o poder oculto eletro-vital personificado que, com o tempo, converte-se em 'lei'. É o princípio animador que eletriza cada átomo, fazendo-o entrar na vida; é a unidade que enlaça todas as energias cósmicas, tanto nos planos invisíveis como nos manifestados. Pode ser considerado uma 'energia consciente e inteligente', e como tal, é o elo misterioso que une o Espírito com a Matéria, o veículo por meio do qual a ideação divina é imprimida na substância cósmica, como leis da Natureza". (dr. Márcio Bontempo, *O Caduceu de Mercúrio*)

Energia Divina e Evolução Espiritual

> "Não existe nada que o guru possa lhe dar. Ele, o discípulo o tem; ele é."
>
> *Humphreys Christmas*

No processo evolutivo, a vontade divina nos dotou de recursos que permitem a aquisição de uma consciência acerca de nós mesmos, do meio onde vivemos e de nosso Divino Criador. Evolução espiritual é purificação física, emocional e mental; é nível consciencial, e este deverá ser elevado cada vez mais, para, pouco a pouco, captarmos uma quantidade maior de energias divinas. Mas, é preciso que as energias virtuosas se multipliquem, também, em nossos semelhantes, por meio das nossas ações, pois são as únicas capazes de neutralizar o acúmulo de energias negativas, cósmicas, que fluem continuamente sobre nosso todo espiritual.

A condição básica para a elevação do ser e para a aceleração de sua evolução espiritual é a ativação e o reequilíbrio nas sete energias, nos sete dons que formam o composto energético sétuplo, durante quantas encarnações forem necessárias. A energia divina e o reequilíbrio energético podem ser alcançados, por exemplo, pela vivenciação das virtudes, pela prece ou pelo autoconhecimento, que podem propiciar o desbloqueio da energia *kundalini*. Nesse processo de renovação do ser, como já vimos, é fundamental e imprescindível a ação do divino Pai Oxumaré.

"Virtuosismo num ser humano é sua colocação em equilíbrio perante as leis que regem toda a criação e, só a partir desse 'estado', o ser está apto a desenvolver seus dons, que o qualificarão e distinguirão individualizando-o como ser humano e multiplicando-o como auxiliar direto da Lei Maior. Todo aquele que, a par de seu equilíbrio, desperta seus dons naturais, automaticamente começa a ser 'usado' pela Lei, sempre no sentido de socorrer seus semelhantes necessitados ou ainda carentes das benesses do autoequilíbrio.

Um ser doador das 'qualidades' dos seus dons é amparado pela Lei maior e guiado no sentido de auxiliar o maior número possível de semelhantes. Na maioria das vezes, Deus responde àqueles que, pela fé, a 'Ele' recorrem por intermédio de seus auxiliares humanos. Encarnados ou não!(...) Dom não se adquire, desperta-se a partir do despertar do próprio ser para consigo mesmo, com seus semelhantes e com Deus, que é o doador e fonte natural de todos os dons". (Rubens Saraceni, *A Evolução dos Espíritos – A Tradição Comenta a Evolução*)

À medida que o ser evolui, tende, cada vez mais, a concentrar-se em sua vida interior e a energia fundamental distribui-se de modo mais harmônico nos canais laterais (*ida e pingala*), já mais purificados. Isso significa que o indivíduo não estará mais oscilando tão fortemente diante dos apelos dos sentidos físicos, dos desejos e das ambições egocêntricas, devido à permanência gradativamente maior da consciência comum no canal central (*sushuma*), também chamado 'portal do espírito'.

As virtudes são, portanto, princípios que nos elevam para perto das divindades ancestrais, que têm sustentado a formação virtuosa do nosso espírito, para seu futuro ingresso no reino angelical, que não comporta vício algum. Elas não são impostas, e, sim, são aceitas de boa vontade.

As energias virtuosas "somente se manifestam e podem ser sentidas, doadas ou despertadas, se assim o desejarmos ou se formos induzidos a aceitar tal padrão vibratório. Sem isso, elas continuam a nossa volta sem serem por nós absorvidas. Temos, então, um arco-íris invisível aos nossos olhos carnais, mas que é sentido e percebido pelo nosso espírito imortal. Se nos harmonizamos com a energia divina, logo as energias virtuosas começam a inundar-nos com seu poder e sua força." (...) As virtudes somente são energias quando incorporadas ao nosso todo espiritual.(...) Um ser humano não místico pode muito bem incorporar algumas cores (vibrações) das energias virtuosas ao seu todo espiritual, assim como um místico pode não incorporá-las ao seu arco-íris mental. Mas, com toda certeza, somente um místico poderá incorporar (absorver) as sete faixas vibratórias das energias virtuosas." (Rubens Saraceni, *O Livro das Energias*)

    A prece também é um processo virtuoso, pois é um ato de recolhimento, para expressarmos nossos profundos e sinceros sentimentos de fé em Deus e nos integrarmos ao seu mental. Quando oramos, "vamos sendo envolvidos, pouco a pouco, por ondas energéticas, luminosas e coloridas que alteram todo o nosso magnetismo e vibração. À medida que vamos nos afastando do materialismo ateu, nosso ser imortal vai se elevando nas muitas faixas vibratórias, captando com mais facilidade essa energia que existe em nós e à nossa volta".

    "Se orarmos a Deus movidos por sentimentos virtuosos, esse cordão (cordão mental) vai se magnetizando pela elevação vibratória, à medida que vai alcançando um maior poder de absorção dessa energia divina. Ela inunda nosso ser imortal de tal forma, que qualquer sensação, por mais tormentosa que seja, é amortecida." É a resposta da energia (o Todo) às vibrações de fé, que fortalecem o mental superior (a Parte).(...) A energia divina é absorvida, e também é sentida, à medida que elevamos nosso padrão vibratório." (Rubens Saraceni, *O Livro das Energias*)

    O caminho evolutivo é muito longo, aparentemente infinito; é um retorno para casa, cuja duração tende à eternidade. A evolução se faz por tudo o que fomos capazes de aprender, mas, principalmente, pelo amor que somos capazes de desenvolver. O amor junta novamente aquilo que era uno e que aparentemente se separou. A busca do aperfeiçoamento constante e do autoconhecimento visa a retornarmos para a Luz original, de onde viemos: a Essência, o Todo, o próprio Deus!

    "A realização desta vontade divina (evolução), para o próprio bem do ser, hoje humano, processou-se em estágios, preparando-o no sentido de despertar nele a consciência plena, pois é só mediante a sublimação dos sentidos pela consciência, que o ser humano alcança a sua quintessenciação, para, pela via cósmica ou pela via universal, chegar ao estágio angelical. E deste, para alcançar o 'grau' de ser planetário ou celestial, onde atuará não mais pela mente, mas sim, pela sua divina consciência celestial." (Rubens Saraceni, *A Evolução dos Espíritos – A Tradição Comenta a Evolução*)

"Com nossa evolução, chegamos naturalmente a um grau consciencial tão sublimado que esta 'visão divina' começa a se abrir e anula aquilo que se convencionou chamar como 'eu'. O 'eu' não resiste à visão divina das coisas. Descobrimo-nos como partes de uma organização 'global', na acepção mais abrangente, de um organismo vivo que poderíamos chamar de Deus... "Por 'conscientizar-se' entendam o ser trabalhando a si mesmo e lidando com o seu meio, de modo a individualizar-se sem dissociar-se de nada ou de ninguém à sua volta." (Rubens Saraceni, *Gênese Divina de Umbanda Sagrada*)

O autoconhecimento é a principal chave para a realização do amadurecimento espiritual e para sentirmo-nos filhos amados do Divino Criador, em constante evolução e aprendizado. Podemos e devemos partilhar nossas conquistas com os outros entes, auxiliando-os, abrindo mão do egoísmo, da vaidade e do orgulho, doando amor verdadeiramente. O amor cria um campo de energia que atua em tudo que nele penetra, pois é a energia da unidade, da harmonia, da paz e do equilíbrio.

"Com isto acontecendo em seu íntimo, ele vai se sentindo parte do todo e vai desenvolvendo faculdades que o direcionam num rumo onde, pouco a pouco, vai sublimando seus relacionamentos e seu emocional vai se transmutando, tornando-se unicamente um identificador natural do que preserva a vida e do que a anula.

Essa transmutação do emocional é fundamental para a consciência, pois enquanto ela não acontecer o ser está sujeito a quedas vibratórias, choques emocionais, desequilíbrios mentais e ao instintivismo, porque sua consciência não terá a estabilidade necessária para que possa trabalhar racionalmente suas dificuldades ou as de seus semelhantes". (Rubens Saraceni, *Gênese Divina de Umbanda Sagrada*)

A condição básica para a elevação do ser e para a aceleração da evolução espiritual é o reequilíbrio energético, nas sete energias que formam o composto energético sétuplo. Quando nos sentirmos fragilizados em algum dos sete sentidos, também poderemos alcançar o reequilíbrio por meio de oferendas aos Sagrados Orixás, nos seus santuários naturais, clamando por sua atuação direta e ostensiva.

A "Iniciação" e as Ordens Iniciáticas

> "As 'ordens iniciáticas' atuais fazem o homem correr atrás da luz da estrela que não existe há muito tempo."
>
> *A.C. Godoy*

A iniciação existe desde a mais antiga das tradições e é praticada nos centros iniciáticos ou ordens secretas. É a admissão de um ser, por merecimento pessoal, aos ensinamentos dos sábios dos templos, para aprender sobre os seus Mistérios Sagrados. O processo iniciático é um caminho espinhoso de desenvolvimento espiritual e dos conhecimentos e poderes transcendentais; é o ingresso em um novo estado de consciência, só alcançado por intermédio de muita meditação, estudo, pesquisa, calma, reflexão e melhora incontestável.

Os sábios de todos os tempos, os iniciados, hierofantes, magos, mestres e filósofos, incluíam todo o conhecimento da Natureza, por eles considerada divina, na nobre denominação de sabedoria, distinguida numa parte esotérica. Pitágoras denominou esse sistema de Gnose ou conhecimento das coisas que são.

O sentido da palavra "iniciado" é a qualidade de "duas vezes nascido". Após passar pelas provas de iniciação, considera-se como o dia do seu verdadeiro nascimento aquele em que nasce no mundo espiritualmente e, por isso, dá-se a ele o nome de "duas vezes nascido" ou renato. É a metamorfose da alma, que passa do estado humano ao estado cósmico. É a realização do ser na luz. O iniciado que, mediante o desenvolvimento espiritual, obteve a iniciação plena, a libertação e a consequente elevação da condição humana para a condição divinizada que o identifica com o Criador, sai do ciclo das encarnações.

Para o estudioso A. C. Godoy, há homens em nossa época que chegaram a descobrir grandes segredos sem pertencer a qualquer sociedade secreta. Porém, esta descoberta exige paciência, inteligência e muita força de vontade. Essa transformação, do homem denominado "pedra bruta" em "pedra polida", é que dá o sentido à palavra "iniciado". A pedra bruta é o homem escravo dos vícios, das paixões e dos próprios erros, enquanto a pedra polida já está a caminho da iluminação por meio do conhecimento e de um determinado nível de entendimento.

Helena Blavatsky* considerou que o iniciado é filho da ressurreição e livre da morte. É aquele que, mediante uma série de reencarnações e efeitos cármicos, alcança o estado de consciência, com a libertação que o fará igual aos Anjos. Para ela, há homens que chegam a descobrir segredos sem ajuda estranha, por sua própria sabedoria e sagacidade e seu reto procedimento. No entanto, as secretas doutrinas dos templos tiveram e têm seus fiéis depositários, que as perpetuaram de distintos modos.

Para a citada autora, a autoiluminação e o êxtase podem ser alcançados por qualquer pessoa, sem necessidade de mestre ou iniciador. Ao êxtase, chega-se pelo domínio do "eu" sobre o ego físico. Mas, quanto aos ensinamentos práticos das ciências ocultas, poucas são as pessoas que têm o necessário vigor mental para recebê-los, pois para adquirir forças sobre a Natureza, é preciso ser Mago de nascença. Os que carecem das qualidades requeridas devem limitar-se ao desenvolvimento espiritual e, mesmo para isso, é necessário uma inquebrantável crença nos próprios poderes e nos do Deus Interior. De outro modo, poderão converter-se em médiuns irresponsáveis.

Mestre Rubens, no livro *Código de Umbanda*, diz-nos que magia é o ato consciente de ativar e direcionar energias elementares positivas ou negativas, universais ou cósmicas. Nos verdadeiros templos iniciáti-

---

* N. E.: Sugerimos a leitura de *O Mundo Esotérico de Madame Blavatsky*, Daniel Caldwell, Madras Editora.

cos do Tibet, Índia, China e Arábia, o discípulo adentra conduzido por um mago. Após integrar-se ao corpo do templo e ser consagrado um verdadeiro mago, deverá transformar-se, ele próprio, em um processo magístico; sua preparação implica integrar-se à Natureza, onde em cada dimensão da vida ele irá se assentando e dela extraindo sua "pedra fundamental".(...) " Um mago precisa, antes de ser iniciado, renunciar ao seu livre-arbítrio (devolvê-lo), nas mãos do Criador. Depois, precisa aquietar-se e ficar no aguardo das instruções de seu mestre pessoal, que sempre será um ser já ascenso, ou seja, que já ultrapassou o ciclo reencarnatório." (Rubens Saraceni, *Código de Umbanda*)

O fato de alguém ingressar em uma Ordem Iniciática e integrar-se à irmandade, ao estudo, ao trabalho, enfim, à vida na ordem, poderá até torná-lo um iniciado consagrado; mas, para tornar-se um mago, deverá aguardar a manifestação de seu mestre pessoal, estar realmente apto para integrar-se à natureza e ao Criador e fazer as iniciações exigidas e ordenadas por seu mestre pessoal. O discípulo será conduzido, por mestres de magia, e apresentado às forças e poderes com os quais se ligará, pois serão afins com ele nos níveis divino, espiritual, humano, natural, elemental, etc. Se for aceito pelo processo mágico, seu mestre pessoal contatará o mestre pessoal de seu iniciador encarnado e aí começará sua real iniciação.

Quanto aos grandes iniciados, é um pouco diferente, pois "todo grande iniciado já encarna preparado em espírito, e tudo para ele é tão natural que, dispensando os procedimentos religiosos, magísticos, ocultistas ou iniciáticos existentes, dá início aos 'seus' próprios procedimentos, pois traz em si uma outorga Divina e é 'iniciador' natural das pessoas que se afinizam com ele e o adotam como tal". (Rubens Saraceni, *Doutrina e Teologia de Umbanda Sagrada*). Os grandes iniciados sacrificam-se por seu ideal, lutam por um mistério durante toda a existência e não temem a morte. Eles possuem o encanto e a força que mantêm o ser humano ligado ao Divino Criador e aos ancestrais místicos.

Mestre Li Mahi Am Seriyê, G. M. L. C., no livro *A Evolução dos Espíritos – A Tradição Comenta a Evolução*, diz-nos que "as ordens são meios aos quais recorrem as hierarquias para acelerarem a evolução de espíritos encarnados nas religiões dominantes, mas umbilicalmente ainda ligados às já extintas no plano material, ligações estas que não são rompidas pelas novas, pois o mental ainda vibra todo um magnetismo que as religiões atuais no plano material não conseguem destruir. ... A afinidade magnética atrai para as antigas divindades todos aqueles que um dia nelas saciaram a sede de suas almas".

"Observando as ordens iniciáticas podemos ver a atividade intensa das religiões já desaparecidas. Pessoas com as mais diversas formações religiosas ingressam, a todo instante, nas ordens assentadas em fundamentos ancestrais de religiões ainda muito ativas no plano espiritual, mas já desaparecidas no plano material. São milhões e milhões de seres humanos que transitam por elas, sempre procurando aquilo que nas suas religiões não lhes foi facultado: o livre pensar sobre assuntos tão íntimos e tão importantes que não se negam ao sacrifício ou à execração pública, pois têm suas consciências tranquilas quanto ao acerto de suas opções religiosas, que os sustentam tanto na luz quanto na escuridão que reinam lado a lado, quando não amalgamadas, no plano material." (Rubens Saraceni, *A Evolução dos Espíritos – A Tradição Comenta a Evolução*).

Em casos extremamente graves, pode ocorrer a apropriação de processos mágicos, levados até as trevas na memória imortal de magos que se desvirtuaram no plano material, por seres das trevas, inescrupulosos e sem limites, que passam a influenciar um médium mentalmente poderoso. As afinidades negativas aos poucos enfraquecem o médium que, ao vislumbrar na magia um poder que já não tem, passa a recorrer e a escravizar-se para sempre a esses servos negativos das trevas.

"O verdadeiro mago tem consciência de que é um instrumento de Deus, colocado por Ele a serviço de Seus Sete Tronos Divinos e das divindades que formam suas hierarquias divinas." (Rubens Saraceni, *Curso de Teologia de Umbanda Sagrada*)

A. C. Godoy, no livro *A Nova Ordem Secreta*, escreveu sobre os Templários e a iniciação dos intendentes da caverna sagrada: "nessa ocasião, o grande pontífice da montanha sagrada encarnava o papel de Sabazio, o deus frígio que figurava as forças da Natureza e as movia no sentido da renovação e regeneração humana. Nos pés do grande pontífice estava a serpente, símbolo da renovação e da regeneração por meio da mudança periódica de pele, que é a própria iniciação pelos graus". Podemos perceber que o grande sacerdote incorporava uma entidade ligada ao Trono Masculino do Amor, que hoje chamamos de Oxumaré, pois Sabazio representava os fatores desse Orixá e o ritual tinha a serpente de Oxumaré como símbolo. Lembremos, também, que os grandes magos de tempos muito antigos eram chamados Serpentes e Dragões.

Helena Blavatsky, ao comentar a história da evolução da raça humana, escreveu que o grande dragão (dilúvio) só diz respeito às Serpentes da Sabedoria, cujos esconderijos estão sob as pedras Triangulares (Pirâmides). Com isso, quis dizer que os adeptos e sábios de todos os cantos do mundo moravam em habitações subterrâneas, geralmente piramidais e conservaram bem seus anais e essa história humana, traçada no céu e nos muros subterrâneos.

Para mestre Rubens, "os 'magos' da atualidade tentam penetrar nos mistérios da serpente pela porta de saída e não a de entrada. Quando pensam que estão chegando aos verdadeiros mistérios desses símbolos, já os estão olhando do lado de fora e com olhos que a consideram, em princípio, um inimigo perigoso, uma magia negativa ou um ser maldito, quando, na verdade, ela é um depositário dos mais poderosos antibióticos, pois um rato empestado não a infecciona, um outro animal venenoso, como o sapo, não a envenena e seu suco gástrico dilui ossos, cabelos e outros elementos e os transformam em alimentos." (*Os Templos de Cristais*). Um mago de eras antigas chegava a alcançar a origem divina dos seus conhecimentos.

As serpentes eram os símbolos dos iniciados que governaram as primeiras dinastias divinas. Elas foram substituídas, na China, pelos dragões, que são os símbolos dos imperadores degenerados, que sucederam os grandes sábios. De todos os grandes iniciados "se diz que 'esmagaram a cabeça da serpente', isto é, venceram a sua natureza sensual e dominaram a divina e oculta sabedoria. Apolo matou a Serpente Píton, Krishna a negra serpente Kalinaga".

Se a iniciação corresponde a um estado de consciência renovado, nos sete sentidos da vida, e Pai Oxumaré é a energia da renovação nesses sete sentidos, então ele é a própria iniciação, o próprio arco-íris sagrado, ou os sete cordões celestiais. Significa a ligação do ser, a partir do mental, às dimensões energéticas de todos os fatores dos Orixás, em todos os seus sentidos, quando então inundam o ser com suas energias sustentadoras, surgindo o arco-íris sagrado em sua coroa.

O Arco-íris sagrado, de acordo com mestre Rubens Saraceni, "é composto de 77 cores originais puras e que não são as refletidas pelo arco-íris que se forma com as gotículas suspensas no ar. Estas apenas estão entre as 77".

O simbólico Arco-Íris Sagrado, representado pela Serpente do Arco-Íris, foi renovado pelo tempo e, entre os Orixás, está guardado pelo mito do Orixá Oxumaré. Todos os fundamentos e conhecimentos da religião que tinha o arco-íris como símbolo máximo, foram guardados em uma ordem religiosa astral, que se renovou em solo africano na divindade Oxumaré e, no ritual de Umbanda Sagrada, com suas numerosas hierarquias, dentre as quais a linha dos Caboclos Arco-Íris.

Na internet está veiculada a profecia do Arco-Íris, que transcrevemos a seguir:

"Quando o rio e o ar estiverem sujos, quando o ser humano houver se perdido completamente da linha da vida, quando os animais estiverem ameaçados, as ancestrais árvores cruelmente abatidas; quando a doença e a tristeza estiverem dizimando o povo vermelho, virá uma nova nação, uma nova tribo.

Serão em grande número, surgirão de onde não se espera. Virão em muitas montarias, com sua magia diferente. Terão artes que desafiarão a compreensão.

Serão de muitas cores e por isso essa tribo será conhecida como Tribo do Arco-Íris. Eles virão quando o fim parecer certo; eles virão e curarão a Terra." (O Grande Círculo do Arco-Íris)

O Ritual de Umbanda Sagrada

> "A Nova Ordem não é para quem quer ser
> ou pode ser, mas para quem deve ser."
>
> *A. C. Godoy*

Um dos efeitos interessantes da *kundalini* é que, além de demolir barreiras entre os vários estados e camadas da consciência, ela também vai demolindo barreiras individualistas e isolacionistas e intensificando a expansão da consciência de unidade da pessoa com uma sociedade teosófica, um templo ou algum outro movimento concentrado sobre o mundo da Luz em oposição às energias das trevas. Associando simultaneamente a alma e a matéria, reúne as energias dispersas, em um plano horizontal, antes de fundi-las verticalmente. Esta crucificação simbólica dissolve o tempo no espaço, apaga a limitação imposta pelo 'eu' e liberta as energias aprisionadas fisiológica e psiquicamente. A integração ao templo significa conectar-se à *kundalini* do mestre, "banhar-se" nela e iniciar o elo entre a *kundalini* individual e a *kundalini* da irmandade em sua totalidade, em um processo recíproco de troca energética, que estimula e amplia a *kundalini* de cada um e do todo. Nessa participação no templo, há aqueles que se beneficiam com a estimulação que ocorre durante as atividades cerimoniais, altamente carregadas de influências elevadas, quando a *kundalini* começa a desabrochar e brilha por todo o corpo. Mas, aqueles desprovidos de autocontrole, portadores de vaidade, orgulho e de outras fraquezas latentes, não suportam o poder dessa energia e acabam sendo excluídos, retirando-se, de alguma forma, daquela sociedade religiosa.

Mestre Rubens Saraceni, em seu livro *Código de Umbanda*, escreve que, "para quem desconhece ordens, fraternidades ou irmandades iniciadoras na sociedade ocidental, recomenda-se o Ritual de Umbanda Sagrada como um meio magnífico e excelente para que tome os primeiros contatos com seu mestre pessoal, único iniciador habilitado pela Lei a conduzi-lo de volta ao processo mágico planetário a que um dia pertenceu."

Na Umbanda, o uso da magia positiva tornou-se parte da própria religião, pois essas duas vertentes – religião e magia – são inseparáveis e uma mesma e única coisa, que é o universo divino. A Umbanda sempre esteve ativa, muitas vezes com nomes diferentes, pois é um movimento espiritual muito forte no astral. A Tradição criou esse ritual com a finalidade de atrair para ele todos os espíritos humanos que, após o despertar para as verdades ocultas sobre a criação, as criaturas e o Criador, não aceitam a tendência abstracionista, na qual o 'eu sou' se sobressai ao 'nós somos', quando se coloca a deidade dependente exclusivamente da existência do homem.

"No ritual de Umbanda Sagrada, o mestre pessoal nunca será um guia espiritual, pois será sempre um Orixá intermediário, que apresentará seu discípulo a todos os Orixás maiores, regentes naturais de todos os processos mágicos. Um deles assumirá o discípulo e o absorverá, incorporando-o em uma hierarquia de alcance planetário que o sustentará ou punirá."

A cada reencarnação, cada mediador que se inicia no ritual de Umbanda busca encontrar o seu dom, ou seja, sua ligação com o trabalho realizado por seu ancestral místico. Se conseguir se reencontrar total e integralmente ao seu dom e Orixá e por ele ser absorvido, passará a compor as grandes correntes espirituais e não mais precisa reencarnar, por decisão dos guardiões dos mistérios sagrados. Muitas vidas tornam-se inúteis, quando os seres não conseguem se libertar e voar, quando seu espírito deixa o corpo, por estarem muito atados ao casulo carnal. O espírito não evoluiu, não alçou voo rumo ao Divino Criador Olorum.

Não é fácil libertar-se do carma e das reencarnações, pois as condições da nossa vida atual são a expressão incontestável do que fizemos no passado, assim como as condições de nossa vida futura serão determinadas por nossos atos atuais. Uma lei está ligada à outra e, para superá-las é preciso uma harmonia perfeita entre os corpos que constituem a personalidade humana, uma vida pura, uma completa isenção de ânimo no mais simples ato, uma impessoalidade total, e uma imensa folha de serviços prestados à humanidade durante séculos. A lei é sempre exata e a cada nova encarnação o ego retoma seu curso, justamente no ponto em que ficou anteriormente, visando a tornar perfeito o ser humano, desenvolvendo as suas faculdades divinas latentes.

Conhecedores da lei do carma, não podemos ficar passivamente a espera dos acontecimentos, pois nos tornaremos mais responsáveis pelos males da humanidade do que aqueles que a ignoram. Não devemos nos desanimar nesse trabalho de autoaperfeiçoamento, pois o mais humilde dos homens será um grande sábio se tiver virtude em sua existência. Na busca de nossa alma e do sentido de nossa vida, descobrimos novos caminhos, para a interioridade, que acaba se tornando um lugar de novas experiências. Em vez de buscarmos causas, explicações psicopatológicas para as nossas feridas e sofrimentos, precisamos amar a nossa alma como ela é e reconhecer que tais feridas e sofrimentos nasceram da falta de amor.

Mas, da mesma forma que a fé deve ser alicerçada no conhecimento e na razão, também o amor há de se traduzir em ações práticas e a alma orientada para a unidade e para a realização de nossa totalidade. Poder e força estão à nossa disposição, para que os usemos em benefício da humanidade inteira. Ajudar é dever e quem ajuda seus semelhantes menos favorecidos não está fazendo nada mais do que cumprir suas obrigações com Deus e Sua Lei.

Os conceitos mentais, os critérios e a mentalidade de cada pessoa tanto podem facilitar como atrapalhar sua evolução. A mediação entre os sentimentos, o grau de racionalidade de um indivíduo, sua percepção da vida, bem como suas ideias e expectativas pessoais, resultam na personalidade ou elemento egocêntrico de cada um. A transmutação para a mente espiritual, ou estágio superior da evolução, é obtida por meio da superação da autoimagem e da sublimação do eu inferior, por meio da purificação do mental, contra os vícios humanos. "Aí, livres do ciclo reencarnatório, poderemos nos integrar totalmente às hierarquias planetárias responsáveis pela plena harmonia entre todas as dimensões da vida em todos os níveis conscienciais". (Rubens Saraceni, *A Evolução dos Espíritos – A Tradição Comenta a Evolução*)

Isso é magia, ou seja, "antes de mais nada e acima de tudo, uma integração do ser com a criação, em harmonia e equilíbrio com todas as criaturas".(...) A maior das iniciações mágicas é o "autoconhecimento", que despertará o ser para a magia das magias: nosso Excelso Criador." (Rubens Saraceni, *Código de Umbanda*). "Ninguém entra na magia pela porta dos fundos. A magia é o conhecimento dos mistérios maiores(...)" (Rubens Saraceni, *O Ancestral Místico*)

Mestre Rubens, no *Livro das Energias*, pergunta-nos: "Não é melhor vivenciarmos as nobres virtudes e tornarmos o cordão mental mais poderoso, até que, do topo da nossa cabeça, comecem a se iluminar os sete fios coloridos das sete virtudes originais, que são uma prova inconteste da nossa renúncia ao mundo, pela vivenciação mental das virtudes que nada mais são do que energias derivadas, ou desdobramentos, da energia original?"

Mas, como alguém em luta consigo mesmo, preso a tradições e preconceitos, sem saúde corporal, emocionalmente perturbado ou com a mente em confusão pode levar paz à humanidade, luz a quem se debate nas trevas, limpeza e purificação ao coração alheio?

Só o caminho do verdadeiro amor e do desprendimento poderá libertar-nos do carma e das sucessivas reencarnações. A transformação alquímica do ferro em ouro é uma simbologia dos alquimistas de todos os tempos, para se referir a esse fenômeno que ocorre silenciosamente na intimidade da alma de quem busca a sabedoria. O laboratório onde se processa tal fenômeno é o coração, pois a felicidade individual está dentro de cada um de nós. É imprescindível descobri-la em nosso interior, primeiro com um conhecimento perfeito de nós mesmos e das leis que governam este e outros mundos. Compete a cada um tornar-se o caminho, a verdade e a vida que a Deus conduz, para que, por uma iluminação interior, encontre, no desenvolvimento de seus dons, respostas para as suas investigações.

Esse processo ocorre exatamente 'no coração', e corresponde à transformação do egoísmo em altruísmo, do egocentrismo em eu divinizado e da vida pessoal em vida impessoal. Corresponde, também, à superação do entendimento dualista do mundo para desenvolver uma compreensão dialética sintética e unitária, ou ainda, à renúncia a si mesmo, para se dedicar aos semelhantes. Esse despertar do amor universal, latente em cada ser, é o núcleo da verdadeira sabedoria e do verdadeiro prazer infinito.

"O dom natural em relação a qualquer religião não é algo que se adquire numa escola. O máximo que uma escola pode ensinar é o ordenamento das forças desse dom e o aprendizado de seu uso em benefício dos que praticam aquela religião." (Rubens Saraceni, *Umbanda Sagrada*)

O ritual de Umbanda Sagrada é um princípio luminoso que nunca se apagou e ainda há muita luz por vir, para iluminar nossos sentidos e dons e ativá-los cada vez mais, durante quantas reencarnações se fizerem necessárias. Muitas partes importantes dos seus fundamentos continuam ocultas da maioria dos praticantes, pois esse ritual ainda está para ser decodificado. A Umbanda é um grande universo de saber a ser descoberto pelos adeptos que se interessarem em recolher e juntar os fragmentos, sempre com o consentimento dos guardiões dos dons sagrados.

Cada dom é uma joia preciosa que acrescentamos ao nosso todo espiritual, aumentando a nossa capacidade de cultivar Deus em nosso coração. Qualquer aprendizado que alcancemos, tem de ser entendido não apenas com a mente, mas, principalmente, com o coração. "O ouro dos adeptos resplandece no seio das galáxias e no coração de cada homem." (Jean-Michel Varenne, *A Alquimia*)

Os dons místicos ancestrais formam tesouros sagrados, bens espirituais conquistados nas reencarnações passadas com muito esforço, mas que devem ser repartidos com aqueles que ainda não os conquistaram. Esses dons encontram-se, portanto, em nós mesmos e desenvolvem-se quando, com a consciência renovada e com a vivência das virtudes, despertamos e movimentamos nossa energia *kundalini* e nos elevamos na escala vibratória, até que o nosso mental fique religado com as energias divinas. Somente então estaremos aptos a atingir um grau em que o arco-íris sagrado de Pai Oxumaré se ligará ao nosso mental e surgirá iluminado em nossa coroa.

Quando comecei a redigir a introdução deste livro, as qualidades, atributos e atribuições de Pai Oxumaré eram praticamente desconhecidos para mim. Agora, tenho a certeza de que, no decorrer deste trabalho de pesquisa e escrita estive amparada por esse Pai divino e que, durante a incorporação desse Orixá masculino do Trono do Amor, vivenciei, por alguns instantes, por um breve lampejo, a ligação mental com seu arco-íris sagrado. Sinto que durante aqueles breves 'momentos' fui agraciada com a poderosa serenidade, a imensa sensação de certeza, de plenitude, de unicidade e compaixão com todas as formas de vida e com a harmonia do Universo. Pena que tudo tenha sido tão rápido e passageiro!

Somente quando estivermos com todos os nossos dons desabrochados, sempre e totalmente identificados com os aspectos mais sublimes da vida, com o despertar do amor universal e com a iluminação plena, teremos chegado, finalmente, ao ouro da transformação dos alquimistas, à riqueza de mamãe Oxum e ao pote de pepitas de ouro, o tesouro de Papai Oxumaré, no final do arco-íris!

Ponto Cantado de Oxumaré

O arco-íris tem sete cores,
Sete esplendores que a gente vê.
É a morada de Oxumaré,
Sobre as pedreiras e as cachoeiras.

Em cima do arco-íris,
Aceite as preces que eu faço
E lá no meio do espaço
Se ouve sempre uma voz

Chamando Oxumaré
Que vai em nome da Umbanda
Pedir ao rei de Aruanda
As bênçãos pra todos nós.

O arco íris tem sete cores se tees-plen-do-res que a gente vê é a morada de Oxumaré sobre as pedreiras cas cachoeiras em cima do arco íris aceitas preces que eu faço e lá no Alto do espaço se ouve sempre uma voz chamando Oxumaré que vai em nome da Umbanda pedir ao rei de Aruanda as bênçãos pra todos nós

Arrubaboi, Papai Oxumaré, Amado Padrinho!!!

Bibliografia

ARUNDALE, G. S. *Kundalini, Uma Experiência Oculta*. São Paulo: Ed. Pensamento, 1993.

BENJAMIN, Walter. *Tentativas Sobre Brecht*. Madrid: Taurus Ediciones, 1987.

BRENNAN, Barbara Ann. *Mãos de Luz*, São Paulo Ed. Pensamento.1997.

BONTEMPO, dr. Márcio. *O Caduceu de Mercúrio*. São Paulo: Ed. Best Seller, 1995.

BOWMAN, Catherine. *O Poder Infinito dos Cristais*. São Paulo: Ed. Siciliano, 1989.

CASTILHO, Inês. Entre o Céu e a Terra. *Revista Planeta*, São Paulo: Editora Três, n.5, maio, 2005.

DURVILLE, Henri. *A Ciência Secreta*. São Paulo: Ed. Pensamento, 1995.

FIELDING, Charles. *A Cabala Prática*. São Paulo: Ed. Pensamento, 1997.

FIGUEIREDO, Cinira Riedel. *Iniciação Esotérica*. São Paulo: Ed. Pensamento, [s. d].

FIGUEIREDO, Cordélia Alvarenga de (org.). BLAVATSKY, Helena P. *Síntese da Doutrina Secreta*. São Paulo: Ed. Pensamento, 1978.

GASPAR, Priscilla de Faria. *Sexo, da Biologia à Espiritualidade*. São Paulo: D.P.L. Ed., 1999.

GODOY, A. C. *A Nova Ordem Secreta*. São Paulo: Madras Editora, 1996.

HILLMAN, James. *Uma Busca Interior em Psicologia e Religião*. São Paulo: Edições Paulinas, 1984.

HOUSSAY, Bernardo. *Fisiologia Humana*. Rio Janeiro: Ed. Guanabara Koogan S.A., 5. ed., 1984

HUMPHREYS, Christmas. *O Budismo e o Caminho da Vida*. São Paulo: Ed. Cultrix, 1975.

JACQ, Christian. *Akhenaton e Nefertiti*. São Paulo: Ed. Hemus, 1978.

JURIAIAMA das Matas, Caboclo. Auto-Realização. In: *Jornal Caminhos da Esperança*, São Paulo, agosto, 2003.

LABAN, Rudolf. *Choreutics*. London: Macdonald And Evans, 1966.

LANCRI, Salomon. *Estudos Seletos em "A Doutrina Secreta" de H. P. Blavatsky*. Brasília, Ed. Teosófica: 1992.

LEE, Maria Lucia. *Lian Gong em 18 Terapias*. São Paulo: Ed. Pensamento, 1997.

MONTAL, Alix de. *O Xamanismo*, São Paulo: Livraria Martins Fontes, 1986.

MONTEIRO, Irene. *Dicionário Básico de Magia e Esoterismo*. Rio Janeiro: Ediouro, 1998.

NETO, João Cabral de Melo. *Antologia Poética*, Rio de Janeiro: Livraria José Olympio. Ed., 3. ed., 1975.

NETSHER, Brian. *Yoga – O Caminho para uma Vida Feliz*. Rio Janeiro: Ediouro, 1979.

NORVELL. *Estranhos Segredos do Oriente Místico*. Rio de Janeiro: Ed. Record, 1979.

OZANIEC, Naomi. *O Livro Básico dos Chacras*. São Paulo: Ed. Pensamento, 1998.

PESSOA, Fernando. *Obra Poética em Um Volume*, Biblioteca Luso-Brasileira. Rio de Janeiro: Ed. Nova Aguilar, sd.

Professor Hermógenes. *Autoperfeição Com Hatha Yoga*. Rio de Janeiro: Ed. Record, 23. ed.

RAMACHENG, H'Sui. *A Mensagem Eterna dos Mestres*. São Paulo: Fundação Alvorada, 1973.

RAMM-BONWITT, Ingrid. *Mudras – As Mãos como Símbolo do Cosmos*. São Paulo: Ed. Pensamento, 1997.

REYO, Zulma. *Alquimia Interior*. São Paulo: Ground, 1989..

ROMO, Rodrigo. *Cura Quântica, Um Curso de Cura Estelar*. São Paulo: Madras Editora, 2002.

SABOYA, Jackson. *Iniciação à Magia*. Rio de Janeiro: Ed. Record, - 1998.

SAMDUP, Lama Kazi Dawa. *O Livro dos Mortos Tibetano – Bardo Thödol*, São Paulo: Madras Editora, 2003.

SARACENI, Rubens. *A Evolução dos Espíritos – A Tradição Comenta a Evolução.*, São Paulo: Madras Editora, 2005.

----. *A Escrita Mágica dos Orixás*. São Paulo: Cristális [s. d.].

----. *As Sete Linhas de Umbanda*: São Paulo: Madras Editora, 2003.

----. *Umbanda Sagrada – Religião, Ciência, Magia e Mistérios*. São Paulo: Madras Editora, 2002.

----. *Os Guardiões dos Sete Portais*. São Paulo: Madras Editora, 2005.

----. *Orixás Ancestrais – A Hereditariedade Divina dos Seres*. São Paulo: Madras Editora, 2001.

----. *Código de Umbanda*. São Paulo: Madras Editora, 2005.

----. *O Livro de Exu – "O Mistério Revelado."* São Paulo: Madras Editora, 2005.

----. *Gênese Divina de Umbanda Sagrada*. São Paulo, Madras Editora, 1999.

----. *O Guardião do Fogo Divino*. São Paulo: Madras Editora, 2005.

----. *Os Templos de Cristais – A Era dos Grandes Magos*. São Paulo: Madras Editora, 2002.

----. *Orixás – Teogonia de Umbanda*. São Paulo: Madras Editora, 2002.

----. *O Código da Escrita Mágica Simbólica*. São Paulo: Madras Editora, 2003.

----. *O Oráculo de Delfos – O Ancestral Místico*. São Paulo: Madras Editora, 1997

----. *Iniciação à Escrita Mágica Divina*. São Paulo: Madras Editora, 2003.

SHARAMON, Shalila e BODO, J. Baginski. *Chakras, Mandalas de Vitalidade e Poder*. São Paulo: Ed. Pensamento, 1998.

SIQUEIRA, Renato Guedes. *Cinestesia do Saber*. São Paulo: Ed. Roca, 4. ed., 1998.

STORER, Trady I. e LUBINGER, Robert L., *Zoologia Geral*. São Paulo: Ed. Nacional, 1978.

TANSLEY, D. C., DAVID V. *Chakras, Raios e Radiônica*. São Paulo: Ed. Pensamento, 1999.

VARENNE, Jean-Michel. *A Alquimia*. [s. l.] Publicações Europa-América, 1986.

VERGER, Pierre Fatumbi. *Orixás. São Paulo: Ed. Corrupio, 1981*.

ZAHCK, Aiyan. Como Utilizar os Cristais. São Paulo: Madras Editora, 1999.

MADRAS® Editora — CADASTRO/MALA DIRETA

Envie este cadastro preenchido e passará a receber informações dos nossos lançamentos, nas áreas que determinar.

Nome _____
RG _____ CPF _____
Endereço Residencial _____
Bairro _____ Cidade _____ Estado ____
CEP _____ Fone _____
E-mail _____
Sexo ❏ Fem. ❏ Masc.   Nascimento _____
Profissão _____ Escolaridade (Nível/Curso) _____

Você compra livros:
❏ livrarias   ❏ feiras   ❏ telefone   ❏ Sedex livro (reembolso postal mais rápido)
❏ outros: _____

Quais os tipos de literatura que você lê:
❏ Jurídicos   ❏ Pedagogia   ❏ Business   ❏ Romances/espíritas
❏ Esoterismo ❏ Psicologia ❏ Saúde   ❏ Espíritas/doutrinas
❏ Bruxaria   ❏ Autoajuda   ❏ Maçonaria ❏ Outros:

Qual a sua opinião a respeito desta obra? _____
_____

Indique amigos que gostariam de receber MALA DIRETA:
Nome _____
Endereço Residencial _____
Bairro _____ Cidade _____ CEP _____

Nome do livro adquirido: ***Oxumaré – O Arco-Íris Sagrado***

Para receber catálogos, lista de preços e outras informações, escreva para:

MADRAS EDITORA LTDA.
Rua Paulo Gonçalves, 88 – Santana
02403-020 – São Paulo/SP
Tel.: (11) 2281-5555 – (11) 98128-7754
www.madras.com.br

MADRAS® Editora

Para mais informações sobre a Madras Editora,
sua história no mercado editorial
e seu catálogo de títulos publicados:

Entre e cadastre-se no site:

www.madras.com.br

Para mensagens, parcerias, sugestões e dúvidas, mande-nos um e-mail:

marketing@madras.com.br

SAIBA MAIS

Saiba mais sobre nossos lançamentos,
autores e eventos seguindo-nos no facebook e twitter:

@madrased

/madraseditora